国税調査官は見た!

本当に儲かっている会社、本当は危ない会社

大村大次郎
OHJIRO OHMURA

はじめに

この本は、税務署の調査官が税務調査をするとき、

「申告書や決算書のどこを見て調査先を選んでいるのか？」

「会社の何を見ているのか？」

ということをご紹介するものです。

筆者は元国税調査官です。約10年、主に企業の調査を担当していました。

詳しくは本文で述べますが、税務署の調査官は、税金を誤魔化していないかを調査するのを仕事としています。

調査できる件数は限られていますので、あらかじめ税金を誤魔化していそうな会社を選んで調査することになります。儲かっていない会社は税金を誤魔化したりしないので、「儲かっている会社」を調査先に選ぶ必要があります。

各税務署の管轄内には、たくさんの会社があります。その何千、何万という会社の中から、本当に儲かっている会社を見つけ出さなくてはなりません。しかも、調査官には儲かっ

ている会社を選定する時間はほとんどありません。一社、一社、十分に時間をかけて検討したりすることはできず、一社につき、せいぜい数分しか使えません。

必然的に、「儲かっている会社」に対する嗅覚が鋭くなります。

この儲かっている会社を見つけ出す嗅覚は、いろんな場面に応用が利くと思われます。

株式投資をしている人、就職活動をしている人、取引相手を探している人などなど、「本当に儲かっている会社」を見つけたいと思っている人には、本書をぜひ読んでいただきたいと思っています。

また調査官の多くは、それほど詳しい会計知識を持っているわけではありません。乏しい会計知識の中で、ポイントを押さえて会社の本質を探っているのです。だから、会計初心者の方の「入門書」としても使えるのではないかと思っております。

しかも、この本は、税務署の調査官の手の内を明かす内容ともなっています。税務署がどういう勘定科目に注意しているのか、税務調査では何を見ているのか、等々をいろいろ書いていますので、税務調査対策としてもぜひ利用してください。

大村大次郎

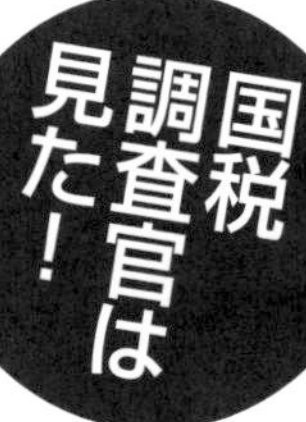

本当に儲かっている会社、本当は危ない会社

目次

第五章 税務署はどうやって脱税を見つけるのか？

第六章 決算書は〝背景〟を知ることが大事

◆創業者が株を売った場合は要注意
◆なぜ税務署は「同族会社」を狙うのか？
◆朝日新聞は脱税の常習犯？
◆大企業と中小企業では決算書の傾向が違う
◆上場を目指している企業は要注意
◆意外と悪質なビックカメラの粉飾決算
◆海外展開している企業は脱税しやすい
◆海外子会社を使った大和ハウス工業の〝違法節税〟
◆決算書の5つのタイプ
◆利益を大きく見せる〝野心的決算書〟
◆税金を払いたくない〝税金ケチり型決算書〟
◆損失をすぐに計上する〝保守的決算書〟
◆状況に応じて使い分ける〝老獪型決算書〟

◇◇◇◇◇◇◇◇◇◇◇◇◇◇◇◇◇◇◇◇

◆業績悪化を必死で隠す〝誤魔化し型決算書〟
◆決算書を見る際、もっとも大事なのは〝裏情報〟
◆ネットの情報は玉石混合
◆就職情報誌にも貴重な情報がある
◆テレビ番組、マスコミから周辺情報を探る
◆税務署の秘密のファイルには何が書かれているのか？
◆複合的、立体的にその企業を見る

装　丁●柿木貴光
PHOTO●岩本幸太

第一章
税務署員の過酷な使命

税務調査の〝裏の目的〟とは?

「はじめに」でも述べましたが、筆者は元国税調査官です。

まず国税調査官がどういう仕事をしているのか、少し説明したいと思います。

国税調査官というのは、いわゆる税務署員であり、税務調査をするのが主な仕事です。

税務調査というのは、企業や個人事業者などのところに赴き、帳簿などを調査をすることです。

国税調査官は税務調査をする前に、税務調査先の選定を行います。

脱税していそうな企業や個人事業者を、まず書類の段階で選び出すのです。

税務署に提出される国税（所得税、法人税）などの申告書を受け付け、その内容をチェックします。申告書には、決算書が添付されています。その決算書を見て、きちんと申告しているかどうかを確認するわけです。

そして、もし申告書に間違いや不審な点があったり、納税者に脱税の情報があったりする場合は、その納税者（企業も含む）のところへ行って、税務調査を行うのです。そして、帳簿や証票類を見たり、経営者や社員などから聞き取りをしたりして、申告に誤りがないか、脱税をしていないか、を調べるのです。

この税務調査というのは、本来は、「公平で円滑な税務行政を行うため」が目的となっています。税務調査を行うことで、納税者に正しい申告を啓蒙しようというわけです。

しかし、この目的は建前に過ぎません。

税務調査には、裏の目的というべき、本来の目的があります。

それは、「1円でも多くの追徴税を取ること」です。

これが国税調査官の本質的な仕事なのです。

国税調査官には、事実上のノルマがあり、年間に一定の件数の調査をこなし、一定の額の追徴税を稼がなければならないのです。

国税庁では、通達や文書などで調査官にノルマを課しているわけではありません。ですが、国税庁の中には追徴税をたくさん取ってきた者が偉い、という価値観があります。そして、追徴税をたくさん取ってこないと出世できない、という厳しい現実があります。だからこそ調査官は、どうやれば追徴税を多く取れるか、日々研究しているのです。

決算書をどう読み解くかも、調査官の重要なスキルの一つなのです。

調査官は決算書のウソを一瞬で見破る

税務調査というのは、すべての企業に対して行うわけではありません。

日本の企業数は、約３７０万社もあります。一方、税務調査を行う調査官は全国で２万人弱しかいません。調査官一人当たりが、調査できる企業の数は、1年間でせいぜい30件程度です。企業全体の1割ほどしか調査することはできないのです。

なので、どうしてもあらかじめ対象を絞って税務調査をしなければなりません。

調査官は決算書を見て、きちんと申告している企業を省き、ウソをついている可能性のある企業を抽出しなければならないのです。つまり、決算書のウソをうまく見破るのが、調査官の仕事の真骨頂ということになります。

調査官の中には、神技で決算書を読み解く人もいます。決算書を少し見ただけで、「この企業は不正をしている」と明確に言い当てる人もいるのです。

調査官が決算書を見る場合、時間をかけてチェックすることはできません。

調査官は、毎日のように企業の調査に出かけなければならず、税務署にいるときは、調査書などを作成しなければなりません。なので、決算書をチェックする時間はあまりないのです。

一方、決算書は毎月、毎月、大量に送られてきます。

だから、調査官は、決算書を素早く読み解かなくてはならないのです。一時間に10件くらいは見ないと、間に合いません。そんな短い時間で決算書を見るのですから、もちろん、全体を精査するようなことはしません。重要な部分だけを見るのです。つまり、調査官は、短時間で決算書のウソを見つけ出すプロだと言えるのです。

調査官のほとんどは会計の素人

読者の方の中には、「国税調査官は高度な会計知識を持っているから、そういうことができるのだ」と思った方もいるかもしれません。

しかし、それは大きな誤解です。

実は国税調査官は、それほど高度な会計知識を持っているわけではないのです。これは元国税調査官である筆者が、自分自身を謙遜して言っていることではありません。

もちろんある程度は会計知識を持っていますが、よくて簿記2級程度です。簿記の3級しか持っていない国税調査官だって大勢います。簿記3級というのは、商業高校の生徒ならば普通に持っているもので、一般的な大学生であれば1、2カ月勉強すれば取れる程度のものです。極端な話、小遣い帳をつける能力があれば、簿記の3級は取れると言えます。

ですので国税調査官の中で、税理士試験や公認会計士の試験に合格できるようなレベルの人は、ほとんどいません。つまり国税調査官には、会計のプロがいないのです。

もしそんな能力があれば、国税調査官のような仕事はしていないでしょう。

不思議なもので、決算書や会社の数字というのは、高度な知識を持っているからといって、本質を見抜けるものではないのです。

国税調査官の中で比較的たくさんの知識を持っているような人が、他の調査官よりも決算書を見抜く能力が高いかといえば、決してそうではありません。

むしろ、あまり知識がない人のほうが、本質を見抜くのに長(た)けていることが多いのです。

また決算書の意味をすべて理解する必要もなく、押さえるべきポイントを知っていればいいのです。勘定科目のうち、重要となるポイントをいくつか押さえることができれば、決算書の本質がどうなのか、だいたいの流れはわかるのです。

そして国税調査官のポイントの掴み方は、一般の人が決算書を読み解く際にも、非常に参考になると思われます。

税務調査とは?

次に、税務調査とはどのような手順で行われるか、簡単に説明しましょう。

実は税務調査にも、様々な形態があります。

納税者は、個人商店から大企業まで多種多様ですから、税務調査も納税者に合わせて多種多様にならざるを得ません。

個人商店などでは、調査官が1人で出向き、2~3時間、店主と話をするだけ、というような場合もあります。大企業の場合は、数名がかりで何週間も調査をするということもあります。

が、税務署の調査官が行っている税務調査の大半は、中小企業の税務調査です。日本の企業の9割以上は中小企業であり、調査の数から見れば、必然的に中小企業が圧倒的に多くなります。

ここでいう中小企業というのは、社長とその家族でやっているようなものから、従業員が100名程度までの企業です。

この規模の企業の税務調査にかかる日数は、平均して2、3日です。担当する調査官の数は、基本的に1人もしくは2人で、時々、3人になります。

つまり、おおまかにいって税務調査は、1人か2人の調査官が2、3日かけて行うのです。

また税務調査というと、抜き打ちで調査官がやってきて、事務所や店舗などのモノを洗いざらい引っ張り出して調べる、というイメージを持っている方も多いかもしれません。

確かに、そういう税務調査もありますが、それは全体のうちのほんの一部です。

大半の税務調査は、事前に企業側に「何月何日に税務調査をしたい」と打診し、企業側が「その日程でOK」という返事をしてから行われます。

抜き打ち調査というのは、脱税がしやすい現金商売者（飲食業、小売店等）を調査する場合や、明らかに脱税をしている証拠がある企業への調査など、合理的な理由がなければ行うことはできないのです。

そして、事前に日程調整をして税務調査をするわけですから、企業側としては都合の悪いものは、全部隠しておけますし、何を見られても何を聞かれてもいいように、準備をしています。

つまり調査官としては、相手が「完全に証拠を隠している」という中で、相手の脱税を見破らなければならないのです。企業側が用意した書類や数字の中から、間違いや不正を見つけ出さなくてはならないのです。そこに調査官の工夫が必要となってくるのです。

国税調査官にはノルマがある

前に少し述べましたように、国税調査官にはノルマがあります。

このことは、国税庁は決して認めることはありませんが、税務調査での追徴税というのは、勤務評定に確実に影響しているし、追徴税をたくさん取らなければ、国税調査官は絶対に出世はできません。

事実、国税調査官が納税者の書類を偽造し、追徴税が多かったように見せかけるという不祥事が数年おきに起きて新聞沙汰になります。これは、国税内に追徴税のノルマがあるという、何よりの証拠です。

つまり、みなさんにまず心得ていただかなくてはならないのが、国税調査官は「納税者の申告が正しいかどうかをチェックするだけ」では飽き足らないということです。ビルの安全管理の検査官のように、「すべて異常なし、めでたし、めでたし」で仕事を終えられるわけではなく、国税調査官は、どうにかして、ほんのわずかでも追徴税を稼ぐことを狙っているわけです。

そのため国税調査官には、様々な特質があります。

まず「儲かっている企業」に対する嗅覚が非常に鋭くなります。

脱税や税金の誤魔化しというのは、儲かっている企業しかしないものです。儲かっていない企業には税金は発生しないので、税金を誤魔化す必要はありません。税金を誤魔化す必要があるのは、儲かっている企業だけです。

「儲かっている企業は、黒字が出ている企業だろう?」

「そんなのを見つけるのは簡単じゃないか」

そう思われる方もいるでしょう。

しかし、事はそんなに単純ではありません。

決算書上、黒字が出ていても、実際には儲かっていない企業も多々存在するのです。

企業は、「銀行からお金を借りたい」「取引先の心象をよくしたい」などの理由で、粉飾決算をすることが時々あります。もし、決算書を鵜呑み（うの）にしてしまえば、そういう企業に税務調査をしてしまうことになり、追徴税は取れません。

だから国税調査官は、税務調査に行く前の段階で、儲かっている企業を確実に探し当てることに必死になるのです。

〝粉飾決算〟の企業は絶対に避けたい

国税調査官の仕事は、決算書のウソを見破ることですが、中でも「粉飾決算」については、非常に神経を尖らせています。

というのも、先ほど述べたように、国税調査官の仕事というのは、脱税（課税漏れ）を見つけることです。一方、粉飾決算は脱税の対極にあるものです。脱税はなるべく利益を少なく見せかけるという犯罪ですが、粉飾は利益をなるべく多く見せかけるという犯罪です。粉飾の場合、払わなくてもいい税金をあえて払っているケースも多々あります。

先に述べた通り、粉飾している会社に税務調査をしても、追徴税は望めません。それどころか、下手をすると税金を還付する羽目になりかねません。だから国税調査官は、なるべく粉飾をしている会社に調査に行くことは避けたいのです。

税務署の仕事は、表向きは納税者の申告を正すものであり、もし粉飾決算などで、税金の納め過ぎがわかった場合は、還付するのが筋です。しかし前述の通り、税務署の実態としては、追徴税をより多く稼ぐことを調査官に課しているので、還付をするなどはもってのほかなのです。

だから、粉飾決算の会社には、なるべく調査を行わないようにしなくてはなりません。そのためには、決算書チェックの段階で、粉飾決算の会社をあぶり出して、除外しなくてはならないのです。

また脱税は決算書を見ただけでは、なかなかわかりませんが、粉飾決算というのはある程度わかるのです。

脱税は、極端な話、売上を除外してしまえば成立してしまうのです。そして、それは決算書上にはまったく残りません。

たとえば、現金売上の1000万円を隠してしまい、その現金を別保管にしてしまえば、帳簿上にはまったく残りません。だから、脱税を決算書だけから見破るのは非常に難しいのです。

しかし、粉飾決算の場合、そうではありません。

粉飾決算は、どういう方法を使ったとしても、必ず数字を書き換えなくてはなりません。つまり、決算書に必ず痕跡が残るものなのです。売上を過大計上した場合、必ず、利益率の変動や、売掛金の急増などの〝異変〟が伴うことになります。

それを見逃さずに抽出できれば、粉飾決算の会社を調査対象から除外することができるのです。そのため、国税調査官は粉飾決算を見抜く技術が発達しているのです。

「脱税」と「粉飾決算」は正反対

「脱税」「粉飾決算」というと、どちらもよく使われる経済犯罪用語なので、「企業の犯罪」として一緒くたに扱われることもあります。

しかし、「脱税」と「粉飾決算」というのは、会計の仕組みからいえば、まったく逆です。一方は「やせ過ぎ」であり、もう一方は「太り過ぎ」ということになります。

「脱税」というのは、不当に税金を逃れる行為のことです。税金というのは、利益に対してかかってくるものです。だから、脱税をする場合には、企業は利益を減らすのです。

たとえば、ある企業の売上が3億円、経費が2億円だったとします。利益は差し引き1億円です。現在の税法では、この1億円に対しては法人税、住民税を含めて約3割の税金が課せられます。つまり3000万円です。この企業は、なんとか税金を逃れようと考えました。そのため、売上を2億円と決算書に記載し、利益はゼロとし、税金がかからないようにしました。これが脱税です。

一方、粉飾決算とは、わざと利益を大きく見せかける行為です。

たとえば、ある企業の売上が2億円、経費は3億円だったとします。差し引き1億円の赤字です。この企業は銀行からの借り入れがあり、銀行と取引を続けるためには、どうしても黒字にしなければなりません。そのため、売上を1億2000万円水増ししました。そうすると、2000万円の利益が出ます。これが粉飾決算です。

このように、脱税と粉飾決算では、会計操作の上ではまったく逆のことをするのです。会計人にとっては当たり前のことですが、一般の人は、混同している場合も多いようです。たとえば平成18年1月にライブドアに特捜が入ったとき、マスコミの中でも脱税と粉飾をごちゃまぜに取り扱っているところがありました。大手新聞社でさえ、「脱税の疑いもある」という見出しの記事を載せたことがあります。

特捜は、「粉飾決算」の容疑でライブドアに入ったのですから、会計の常識からいえば脱税は考えられません。だから、このときに「脱税の疑いあり」と書いた記事は、まったく見当違いだったのです。

もちろん、その後、ライブドアに脱税容疑などは出てこず、その見出しは単なるガセネタだったことが判明しました。それにしても大手新聞社でさえ、粉飾と脱税の意味がわかっていないのですから驚きです。

決算書は平気でウソをつく

企業にとって決算書を操作することは、それほど難しくありません。

実は、経営者や会社のトップが「決算書を誤魔化そう」と思えば、簡単にできるものです。

たとえば、とある中小企業で、今期は２００万円の赤字が出たとします。この企業では銀行から借入金があるので、赤字を出すわけにはいきません。だから、経営者が自分の報酬を３００万円削りました。それだけで、あっという間に１００万円の黒字にできるのです。経営者が自分の報酬を下げるのは、違法でもなんでもありません。なので、これは粉飾決算ではないのです。

銀行も決算書の詳細を見ずに、赤字か黒字かだけで判断することも多いので、これだけで乗り切れてしまう場合もあります。

また自分の報酬を下げるのはあまりに見え透いていると思えば、次のような粉飾をする場合もあります。

まず、経費を300万円ほど除外します。そして、その経費分は、経営者が自分のポケットマネーから出します。そうすれば、100万円（若干の制約はあります）の黒字になるのです。

最近は銀行も、決算書上だけ黒字になっていても、代表者の報酬などをチェックすることもあります。代表者の報酬が異常に少なかったり、減っていたりすれば、「この企業は危ない」と思うわけです。

しかし、この決算書では、経営者の報酬も削られていないので、銀行はまったく気づかないはずです。この方法は、違法的な粉飾決算ですが、上場企業でなければ具体的な罰則が及ぶことはまずありません。こういうケースは、いくらでもあるのです。

大企業も似たようなものです。

大企業の場合は、経理が複雑なので、ウソを隠せる場所はいくらでもあります。

たとえば、翌期の売上の一部を今期に紛れ込ませたり、在庫品を少なく計上したりします。監査法人も、売上の全部をチェックすることはできないし、在庫品をいちいちチェックすることは難しいのです。これらのウソを、監査法人が完全に防ぐ方法はないと言えます。

このように、決算書でウソをつくことは、簡単にできることなのです。

そもそも決算書は〝作られたもの〟

なぜ企業は決算書でウソをつくのでしょう？

第一に言えることは、決算書は〝作られたもの〟ということです。

決算書というのは、一定のルールに従って作られています。だから建前の上では、ウソが生じることなどそうそうあるはずがありません。

しかし、決算書の世界は、本音と建前が大きく乖離（かいり）しているのです。

決算書は、〝企業が自分で作るもの〟です。

いわば自分の成績表を自分で作るのと同じことです。当然、自分に都合のいいように作るわけです。しかも決算書というのは、密室で作られるものです。だからウソをつこうと思えば簡単なのです。

監査法人や税理士が、決算書をチェックすることになっていますが、彼らも企業から雇われた身分です。企業が嫌がることをすれば職を失ってしまいます。だから、彼らのチェックというのは甘くならざるを得ないのです。

決算書というものは、その性質上、どうしても「自分をよく見せたくなるもの」なのです。決算書の数字が企業の趨勢を左右することも多々あります。

決算書に計上された利益が少なければ、上場企業であれば株価が下がってしまいます。上場企業じゃなくても、銀行が取引をしてくれなくなる恐れがあります。となると、企業は途端に資金繰りに行き詰まり、下手をすれば倒産してしまうのです。

また企業の中には「赤字企業とは取引しない」というところもあります。となれば、その企業と取引をするためには、頑張って決算を黒字にしなければなりません。

公共事業の受注なども、黒字企業が前提となっていることが多いものです。だから公共事業を専門にしている企業は、絶対に赤字にすることはできないのです。

また急に儲かって、思ってもみないような利益が出てしまった企業は、逆に利益を少なく見せようとしたくなります。利益が大きければ、その分、払う税金も大きくなるからです。せっかく儲かったのなら、なるべくたくさんの利益を残したい、そう思ってしまうのです。

このように企業は「決算書でウソをつきたい誘惑」に、常にかられているものなのです。しかも決算書は自分で作ることができるのですから、それはウソもつきたくなりますよ、となるわけです。

決算書のウソには「非合法的ウソ」と「合法的ウソ」がある

企業が恣意（しい）的に会計操作をする場合、合法と違法があります。ここは、一般の方にはなかなかわかりにくい部分ですので、改めて決算書の「非合法的ウソ」と「合法的ウソ」について、ご説明したいと思います。

「非合法的ウソ」というのは、脱税や粉飾決算のことです。売上や経費の数字を恣意的に書き換えて、決算書を操作するわけです。

「決算書のウソ」は、すべて、この「非合法的ウソ」ばかりだと思われがちです。しかし、厄介なことに、決算書は法に抵触しないでウソをつくこともできるのです。

前述したように会計というものは、曖昧な部分、グレーゾーンの部分も多々あり、企業が作為的に操作できる部分もあります。

あとで詳しく述べますが、在庫の評価や不良債権の計上などが代表的で、合法的に決算書を粉飾する方法はあるのです。しかし、それ以外にも企業が粉飾する方法はたくさんあります。

たとえば、景気の悪いときは、悪い決算を予測してあらかじめ期中に一般管理費を削る、などということも、簡易な合法的粉飾と言えるでしょう。一般管理費を削る、くらいのことは、企業はどこもやっているものです。企業活動としては当然の所作とも言えるでしょうし、まったく悪意があるものではありません。

ただ、一般管理費を削った場合、景気が悪くても表面上の数値はよく見えるものです。つまり、「決算書を化粧している」ことになるのです。一般管理費をうっかり見過ごすと、「利益が出ている」と騙されてしまうことになります。

だから決算書の真実を見抜くには、単なる「非合法の粉飾」だけではなく、「合法的な粉飾」にも注意しなければならないのです。

決算書とは〝曖昧なもの〟

実は決算書というものは、作成の方法が細部まで明確に決められていません。本来、決算書は事業の中のあらゆる部分を正確な数字で示すのが建前です。そのためには、事業に関する正確な数値を出せるよう、明確な基準が必要になります。しかし、それは土台無理な話なのです。企業の事業というのは多岐にわたっており、それにいちいち細かい規則を作っておくことは不可能だからです。

よって非合法的な「粉飾」や「脱税」を行わなくても、合法的な範囲内で、決算書を都合のいいように作ることは、どの企業でも可能なのです。

在庫の評価方法などがいい例です。

在庫の価額は、決算書の中でも非常に重要な数字です。会計のルールでは、在庫の評価額は、適正な方法で算出しなければならないとされています。そして、在庫の価値を算出する方法は、一応、会計規則などで定められています。しかし、在庫の価値は、時と場合によって増減するものの一つであり、会計規則はその増減を正確に把握するようにはできていないのです。

たとえば、服の在庫価値などというものは、正確な評価額がなかなかわかるものではありません。服というのは、季節や流行によって価値が乱高下(らんこうげ)するからです。ある時期は非常に高く売れたのに、時期を過ぎれば二束三文になってしまうなどということは多々あります。だから、服の在庫価値を正確にはじき出すということは、神様でもなければ不可能なのです。

となると、企業は自分の都合のいいような価値をつけて、決算書を作るわけです。

あまり業績が良くない企業は、在庫の価値を高めに記載して、「価値のある商品をたくさん保持しています」というふうに装うわけです。

また業績が良すぎて、税金が莫大になりそうな企業は、在庫の価値を低めに記載して、利益が小さくなるように操作するのです。

また在庫の価値が下がったときには、評価額を下げなければならない、ということになっています。

しかし、どういうときに在庫の評価を下げなくてはならないか、という基準が曖昧で、「どういう事態が生じたときに、どの程度、在庫の評価を下げるのか」ということが、企業の判断に委ねられているのです。

だから大量の売れ残り在庫を抱え、その在庫の価値はほとんどないような場合でも、仕入れ額を基準として在庫額を表示することもできます。実質的には、大きな損失を抱えているにもかかわらず、その損失は表に出てこないのです。

たとえば、服飾小売業者がアウターを1枚2000円で1万枚の仕入れをしていたとします。そして期末に5000枚が在庫として残ってしまいました。このアウターは、あっという間に流行を過ぎたため、今では仕入れ値の半額の1000円で売ってもほとんど売れません。

でも、この服飾小売業者は、決算をよく見せたいために、このアウターの在庫5000枚は仕入れ値で計上しています。

つまり、この在庫分のアウターはほとんど価値がないにもかかわらず、決算書上では1000万円の価値があるものとして計上されているのです。

これは違法的な粉飾決算でもなんでもなく、ごく合法的な会計処理で行うことが可能なのです。

それと似たようなケースに、「不良債権」があります。

売掛金や貸付金などの中には、相手先が払う見込みがないもの、つまり不良債権が含まれていることがあります。会計ルールから言えば、不良債権が生じた場合、「貸倒損失」を計上しなければなりません。

しかし「何をもって不良債権とするのか」という明確な基準はないのです。倒産したり、不渡りを出した相手先の債権は、当然、不良債権となりますが、その前の段階で、「業績が思わしくない」「支払いが滞っている」というような相手先の債権は、どれが不良債権なのかを区別することは難しいのです。

なので、あまり業績のよくない企業は、なかなか不良債権を損失として計上せず、気づいたときには炎上していた、というようなことが多々あります。

これはほんの一例であって、企業が決算書を恣意的に操作する方法は、他にもいくらでもあるのです。

このように、決算書というものは作り方が非常に曖昧で、ウソをつくことは実に簡単なのです。だから読者諸氏が決算書を読む際には、くれぐれもこのことを念頭に置いていただきたいのです。

決算書の本質を見抜く

これまで「決算書のほとんどにウソがある」「決算書は企業が恣意的に作ることができる」ということを述べてきました。

しかし筆者は、「決算書は全部デタラメ。決算書など見ても意味はない」と言っているわけではありません。決算書の数字を鵜呑(うの)みにすることは危険だと言っているのです。「決算書にはウソがある」と言っても、内容が全部ウソだということではありません。多くの部分は真実であり、都合の悪い部分だけが誤魔化されているのです。だから、ウソの部分に騙されなければ、企業の真実を見抜くことができるのです。

そして決算書には、企業にとって重要な情報が詰まっています。

決算書の初歩的な知識しかない人でも、売上の推移を見ていけば、その企業や業界の景気の動向がわかります。一般管理費の増減を見れば、リストラをしているかどうか、その企業の社員待遇はどうか、などということもわかります。現金、預金や、売掛金の増減を見れば、その企業の資金繰りがどうかということを推測することもできます。

また決算書には、その企業の体質なども表れてきます。野心満々の企業、保守的な企業、老獪(ろうかい)な企業、バカ正直な企業などが決算書から読み取れるのです。

決算書を上手に読み解くことは、これからのビジネス戦略で欠かせないことだと言えます。そして決算書を上手に読み解くコツとして「決算書のウソを見抜く必要がある」と筆者は述べているのです。

次章以降では「決算書のウソに騙されない方法」「決算書の本質を見抜く方法」を具体的にご紹介していきます。

第二章 決算書はウソつき

決算書は必ずウソをつく

これまで、国税調査官がどうやって決算書のウソを見抜くかということをご紹介してきました。

しかし、一般の人には、会社の数字がウソをついている、ということを現実としてなかなか受け入れられないでしょう。

なので、この章では、会社の数字にはいかにウソが入りやすいか（入っているか）ということを、詳しく説明したいと思います。

ウソというと語弊があるかもしれませんが、会社が決算書に何もかも真実をさらけ出しているようなことは、ほとんどないのです。

大半の企業の決算書には、何らかの恣意的な操作が加えられています。

「なぜ企業は決算書に恣意的な操作を加えなくてはならないのか」ということを押さえておかないと、決算書の本質はなかなか見えてきません。

というのは、一口に決算書のウソといっても、企業によって、そのウソの種類はまったく違うものになるからです。

業績が思わしくない会社は、業績をいいように見せかけるウソを作り、業績がいい会社は税金をあまり納めなくていいように、業績が悪いように見せかけるウソを作ります。同じウソでも、その性質は正反対です。

企業は、どういうときにどういうウソをつくのか、ということを念頭に置いておかないと、企業のウソにまんまと引っかかってしまうのです。

建前上では、企業の決算書というのは、システム上ウソをつけないようになっています。金融商品取引法や会社法、税法などで厳密にその基準が規定されていて、もし間違った記載があれば、罰則もあります。

また大企業では監査法人がきっちりチェックしているはずですし、中小企業では税理士などがチェックをしています。各業界の監督官庁なども見張っています。

だから、普通に考えれば、企業は正しい決算書しか作りようがないはずです。

しかし、企業は、法律の網をかいくぐって（時には法の網に引っ掛かりながらも）、決算書に恣意的な操作を加えているのです。

わかりやすい例を示しましょう。

国税庁では、1年間でだいたい15万件程度の法人（会社）の税務調査を行っていますが、そのうち、10万件以上は課税漏れが見つかっています。つまり、6割以上の決算書が間違っていたということになります。

また大企業だけに限ってみれば、この割合はさらに跳ね上がります。国税庁は、平成30年度は2422社の大企業を税務調査し、そのうち誤りがあったのは1954社です。実に、80・6％の大企業の決算書が間違っていたというのです。

しかも国税庁（税務署）というのは、税務調査では粉飾決算は黙認するので、ここで発表された決算書の誤りというのは過少申告の分だけです。

決算書の誤りというものには、大まかに言って「利益の過少計上」と「利益の過大計上」の2種類あります。

国税庁発表の決算書の誤りというのは、そのうちの「過少計上」だけを指します。つまり、2つの間違いのうち、一つのほうだけを見ても、8割の決算書が間違っているということです。

もし「過大計上」を含めれば、「決算書のウソ」率はさらに跳ね上がります。

　このように、企業の決算書のほとんどは、何らかの間違いがあったり、恣意的な操作が加えられていたりすると言えるのです。

企業の決算書のチェック体制はゆるゆる

「企業は、決算書で合法的にウソをつける」と言うと、こういうふうに考える人もいるのではないでしょうか。

「企業の決算書は、監査法人や税理士がチェックするので、そうそうウソなどはつけないのではないか」と。

　しかし、決算書のチェックなどというのは、元国税調査官から見れば、ゆるゆるなのです。そうでなければ、税務調査で8割以上の企業に、間違いが発見されたりしないのです。

　決算書は基本的に、企業が自分で作るものです。だから、ある程度のウソが混ざっていても仕方がないと言えるのです。

　また、監査法人や税理士は決算関係書類のすべてをチェックするわけではありません。

その企業が作ってきた帳簿や、揃えている証票類はチェックしますが、現場で使われているデータなどのすべてに目を通すわけではないのです。

先にも述べたとおり、彼らは企業から雇われた身分です。企業が嫌がることをすれば職を失ってしまいます。だから、彼らのチェックというのは甘くならざるを得ないのです。

そして決算書というものは、その性質上、どうしても「自分を良く見せたくなるもの」なのです。決算書の数字が企業の趨勢を左右することも多々あります。

決算書に計上された利益が少なければ、上場企業ならば株価が下がってしまいます。上場企業じゃなくても、銀行が取引をしてくれなくなる恐れがあります。となると、企業は途端に資金繰りが行き詰まり、下手をすれば倒産してしまいます。

実際、税務調査において、国税調査官は企業の決算書や帳簿は頭から信用していません。調査官は、企業の決算書は「見せるために作られたもの」「自分に都合の悪いことが書いてあるわけはない」ということを大前提に考えているのです。

決算書は簡単に操作できる

そもそも、決算書には、実は曖昧な部分が多いのです。

決算書というのは、一定のルールに従って、作られています。だから建前の上では、ウソが生じることなどそうそうあるはずがありません。

しかし、企業活動においては、非常に膨大で詳細なデータのやり取りがあります。そのデータの取り扱いについて、すべてにきっちりルールが定められているわけではないのです。

なので、企業活動の数字というのは、ある程度、企業側にその扱いが委ねられているものなのです。

たとえば、在庫の評価方法です。

在庫の価額は、決算書の中でも非常に重要な数字です。

企業の利益というのは、ざっくり言うと次のような算式で表されます。

売上－経費＋在庫＝利益

この算式を見ればわかるように、在庫の額を増減すれば、簡単に利益が調整できるのです。

在庫を実際より多く計上すれば、利益を膨らますことができ、少なく計上すれば利益を減じることができるのです。

そして、在庫の額を増減させることは、企業にとって非常にたやすい行為です。売上や経費は、取引相手が関係しますので、簡単に数字を動かせません。しかし、在庫の場合は、自社の帳簿をいじるだけで簡単に数字を増減できるのです。

だから、在庫の額をいじって、粉飾や脱税をする企業は非常に多いのです。

もちろん会計のルールでは、在庫の評価額は、適正な方法で算出しなければならないとされています。そして、在庫の価値を算出する方法は、一応、会計規則等で定められています。

しかし、在庫の評価額などは、時と場合によって増減するものであり、会計規則はその増減を正確に把握するようにはできていないのです。

前にも例に挙げましたが、服の在庫価値などというものは、正確な数値がなかなかわかるものではありません。

服というのは、季節や流行によって価値がすぐに上下するものです。

ある時期は、非常に高く売れたのに、時期を過ぎれば二束三文になってしまうなどということは多々あります。だから、服の在庫価値を正確にはじき出すなどということは、神様でもなければ不可能なのです。

となると、企業は自分の都合のいいような価値をつけて、決算書を作るわけです。

あまり業績が良くない企業は、在庫の価値を高めに記載して、「価値のある商品をたくさん保持しています」というふうに装うのです。

また業績が良すぎて、税金が莫大になりそうな企業は、在庫の価値を低めに記載して、利益が小さくなるように操作するのです。

会計規則では、在庫の価値が下がったときには、評価額を下げなければならない、ということになっています。

しかし、どういうときに在庫の評価を下げなくてはならないか、という基準が曖昧で、「どういう事態が生じたときに、どの程度、在庫の評価を下げるのか」ということは、企業の判断に委ねられているのです。

だから大量の売れ残り在庫を抱え、その在庫の価値はほとんどないような場合でも、仕入れ額を基準として在庫額を表示することもできます。実質的には、大きな損失を抱えているにもかかわらず、その損失は表に出てこないのです。

これは違法的な粉飾決算でもなんでもなく、ごく合法的な会計処理で行うことが可能なのです。

これはほんの一例であって、企業が決算書を恣意的に操作する方法は、他にもいくらでもあるのです。

このように、決算書というものは、細かなルールが非常に曖昧で、ウソをつくことは実に簡単なのです。だから決算書を読む際には、くれぐれもこのことを念頭に置いておかなければならないのです。

会社は〝合法的〟にウソをつく

筆者は決算書のほとんどは誤魔化しがあると前述しましたが、これは決算書のほとんどが「法的に逸脱している」という意味ではありません。

第一章でも述べましたが、決算書のウソには「合法的なウソ」と「非合法的なウソ」があります。

非合法的なウソというのは、脱税や粉飾決算のことです。売上や経費の数字を恣意的に書き換えて、決算書を操作するわけです。

「決算書のウソ」は、全て、この違法なものばかりだと思われがちです。

しかし、厄介なことに、決算書は法に抵触しないでウソをつくこともできるのです。

前述したように会計には、曖昧な部分、グレーゾーンの部分も多々あり、企業が作為的にできる部分もあります。

在庫の評価や不良債権の計上などの他にも、企業が合法的に粉飾する方法はたくさんあるのです。

たとえば、景気の悪いときには商品の販売やサービスの提供とは関係しない一般管理費を削る、などということも、簡易な合法的粉飾と言えるでしょう。

このようなことは、企業はどこもやっています。企業活動としては当然の行為とも言えるし、まったく悪意があるものではありません。

ただ、一般管理費を削った場合、景気が悪くても表面上の数値はよく見えます。

たとえば、毎年10億円の利益がある企業があったとします。この企業が、今年度は一般管理費を5億円削減しました。そのため、15億円の利益が出ました。

そうなると、この企業は、前年よりも利益が50％アップしたことになり、非常に好業績のように見えるのです。

つまり合法的粉飾とは、「決算書を化粧している」ことに他なりません。

このように一般管理費をうっかり見過ごしていると、騙されてしまいます。

だから決算書の真実を見抜くには、「違法ではないウソ」にも注意しなければなりません。

国税調査官も、この点には非常に注意を払っています。

毎年、黒字が続いている企業は、業績がいいという理由で、税務調査の対象になりやすいでしょう。しかし、黒字の要因をよくよく探ってみなければなりません。

売上は毎年、落ち込んでいるけれど、一般管理費を削ってどうにか黒字に持ち込んでいる、という企業はけっこうあります。

銀行から融資を受けるために、どうしても黒字決算にしなくてはならないという理由から、無理やり黒字にしている企業もあります。そういう企業は、脱税などをする余裕はないので、税務調査に行っても追徴税は取れないのです。

ソニーの決算書の〝合法的なウソ〟

前項では、決算書には、合法的なウソがあるということを述べました。

そのわかりやすい例を一つご紹介しましょう。

それは、ソニーの決算書です。

ソニーは言わずと知れた日本の代表的な電機メーカーであり、世界的にも人気の大企業です。

このソニーの２０１０年度（２０１１年３月期）の決算書でのことです。

２０１１年３月期に、ソニーは営業利益が大幅に改善されていました。

前年の営業利益は３１８億円に過ぎなかったものが、本年度は１９９８億円にまで回復したのです。つまり営業利益が約６倍増になったということになります。大企業の利益が、前年の６倍になるというのは、大変なことです。

そのため経営陣はその業績を強調して、改善をアピールしました。

しかし、このソニーの営業利益の急回復には、ちょっとしたカラクリがありました。

ソニーは前年度までに大規模なリストラを行っており、退職者の退職金など莫大なリストラ経費がかかっていたのです。

しかし、前年度にリストラは一段落したため、この年度はリストラ経費があまりかかっていません。

本来、日本の会計基準では、リストラ経費は特別損失に計上されるものです。だから、リストラの経費が、営業利益に関係してくることはありません。

しかし、ソニーでは、リストラ経費が営業利益に関係していたのです。

ソニーでは、リストラ経費を販売管理費に含めていました。販売管理費というのは、社員の人件費や事務所家賃、事務経費など、会社の事務的な活動にかかる経費のことです。

ソニーは、この販売管理費の中に、早期退職制度の退職金など、リストラにかかった経費を入れていたのです。

そのため、２０１０年３月期まではこれが営業利益を大きく圧迫し、２０１１年３月期は、この圧迫がなくなったために、営業利益が大きく伸びたのです。

なぜソニーはリストラ経費を販売管理費に入れていたかというと、ソニーはアメリカの会計基準を採用しているからです。

日本の会計基準では、リストラは特別損失として扱われますが、アメリカではリストラは日常茶飯事なので、販売管理費で計上されるのです。

このような理由で、ソニーは前年度よりも販売管理費が大幅に減額されたために、営業利益が大きくなったのです。

これが、２０１１年３月期のソニー急回復の最大の理由なのです。

このリストラ経費を除外して、営業利益を算出した場合（つまり日本の会計基準を使った場合）、２０１０年３月期が１８３２億円なのに対して２０１１年３月期は２６６９億円となります。

つまり日本の会計ルールで決算書を作るなら、営業利益は〝6倍超の急回復〟ではなく、1・4倍増に過ぎません。業績が回復していることには間違いありませんが、経営陣が誇示するほどの急回復ではないのです。

ソニーがアメリカの会計基準を選択したのは違法ではないので、「粉飾決算」にはなりません。しかし投資家やマーケットにとっては、非常に紛らわしい決算書だと言えます。しかも、こういう〝わかりやすいウソ〟に、けっこう投資家やマーケットは騙されたりするものなのです。

ソニーの2009年度、2010年度の営業利益とリストラ費用

	営業利益	リストラ経費	リストラ経費を除外した営業利益
2009年度	318億円	1514億円	1832億円
2010年度	1998億円	671億円	2669億円

公共事業を受注するための粉飾もある

粉飾決算というと、「株主の心象をよくするため」「銀行から融資を受けるため」にするものというイメージがあります。

しかし、企業が粉飾をするのは、それらのためばかりではありません。公共事業を受注するためもあるのです。

しかも、利益を粉飾するのではなく、売上だけを粉飾する場合もあります。

どういうことか詳しく説明しましょう。

公共事業を受注する企業には、様々な条件をクリアすることが必要です。

たとえば、「過去○年間法人税を払っていること」などです。

その条件をクリアするために、粉飾を行うのです。

そして公共事業というのは、事業者の規模にも条件をつけることが多いのです。「この公共事業は、売上が何十億円以上」というようにです。

そのため、「売上だけ」を粉飾する事業者もいるのです。

売上だけを粉飾するといっても、ピンと来ない人も多いでしょう。普通は売上を粉飾すれば、自動的に利益も粉飾されるはずだからです。

しかし、売上を粉飾すると同時に、同額の経費も粉飾すれば、利益は増えずに、売上だけを粉飾することができるのです。

筆者が国税調査官として接した企業の中にも、単に売上高を増加させるためだけに粉飾決算をしていることがありました。

その企業を、仮にA社としましょう。

A社は、同業のB社と結託し、お互いに架空の仕事を発注するという方法で、売上高を粉飾していました。そして、お互いが全く同額の仕事を発注していたので、利益は差し引きゼロとなるのです。

つまりは、こういうことです。

A社はB社に1億円の仕事の発注をします。B社は、この仕事の外注費として1億円をA社に発注します。だから両者の取引額は、差し引きゼロとなります。

この取引では、両者に利益はまったく増えず、売上高だけが増えるのです。傍(はた)から見れば、まったく意味がないように思われます。

しかし、事業者にとっては、売上の規模が大きくなれば、公共事業を受注しやすくなるので、非常に意味があるのです。

「利益を出している企業」と「儲かっている企業」は違う

筆者は、国税調査官としていろんな企業を見ているうち、「利益を出している企業」と「儲かっている企業」は違う、と思うようになりました。

なんだか禅問答のような言い方になりますが、その意味は極めてシンプルです。

建前上、企業にとっての最大の目的は、「利益を出すこと」です。

利益を増やせば、確かに表向きは「会社は儲かっている」ことになります。

しかし、この利益には、約30％の税金がかかってきます。だから企業は利益を増やしても、それがすべて会社に蓄積されているわけではないのです。

企業によっては、この30％の税金が惜しくて仕方がないというところもあります。そういう企業の場合は、儲かっていてもわざと利益を出さずに、赤字にするというケースもあるのです。

「儲かっているのに赤字」というと、脱税をイメージされるかもしれませんが、必ずしもそうではありません。

脱税をしなくても、企業を赤字にする方法はいくらでもあるのです。

簡単な例を言えば、人件費を引き上げればいいのです。黒字が出れば、その分を人件費として支出すれば、簡単に赤字にできるのです。

仮に今期、３億円の黒字が出た会社があるとします。決算期末に、ボーナスとして、この３億円を社員に支給します。そうすれば、合法的に黒字は消えてしまうのです。

もちろん、これはたとえばの話です。

現実の企業には、社員にこんな大盤振る舞いをするところはないでしょう。

しかし、似たようなことをしている企業はあります。同族の社員や役員などの報酬を厚くすることで、赤字にするのです。

だから、決算書上の利益が出ていないからといって、必ずしもその会社が儲かっていないわけではない、ということなのです。

日本の企業の7割が赤字の理由

「利益が出ている」ことと「儲かっている」ことが違うというわかりやすい例を、ここでご紹介しましょう。

よく言われていることですが、日本企業の7割は赤字決算です。

これを聞くと、普通の人は、「日本企業はどこも苦しいのだろう」と思ってしまうかもしれません。しかし、ことはそう単純ではありません。

企業というのは、普通は赤字になればやっていけないものです。赤字が続けば資金がショートするはずですし、赤字続きの会社に銀行なども融資はしてくれません。なのに、なぜ赤字会社はやっていけるのでしょうか?

それは、赤字会社の多くは、本当は儲かっているからです。

日本の企業の7割が赤字なのは、今に始まったことではありません。この数十年、ずっと同じような状況なのです。

企業がなぜわざわざ赤字にするのか、というと答えは簡単です。赤字企業ならば、法人税などがかからないからです。

普通の人は「企業は赤字を嫌がるもの」と思っているようですが、実際はそうではありません。

赤字を嫌がるのは、株主の機嫌を取らなくてはならない上場企業や銀行から借り入れのある企業だけです。銀行から借り入れもなく、上場もしていない企業にとって、赤字決算は怖いものではないのです。

だから、彼らは無理に利益を出さずに、赤字決算にするのです。

また赤字企業には、さらなる「特典」もあります。赤字企業は税務署の調査を受けにくいのです。

企業は税務署の調査を受ける義務があります。税務調査は、税務署の調査官が会社内に入ってきてあれやこれやと調べるものです。会社にとっては、迷惑この上ないし、追徴税を取られる恐れもあります。この面倒な税務調査を、赤字企業ならばあまり受けなくていいのです。

なぜかというと、前に述べたように、国税調査官は追徴税を取ることがノルマになっているので、追徴税を取れる企業を中心に税務調査を行います。必然的に、赤字の会社は、税務調査を避けられるということになるのです。

ただ、国税当局も、赤字会社にも実は儲かっている会社がある、ということは気づいており、最近では赤字会社にも積極的に税務調査を行うようになっています。しかし、なにしろ赤字会社は数が多いので、なかなか手が回っていないというのが現状なのです。

けっこうわかりやすいウソをつく会社が多い

国税調査官という仕事をしていると、会社はけっこうわかりやすいウソをつくことが多いということに気づきます。

たとえば、「脱税」をしている会社でもっとも多いパターンというのは、〝売上が急増している会社〟です。

売上が急増している会社は、〝急に儲かっている〟という場合が多いのです。売上が上昇すると、だいたい儲けも増えるものだからです（稀にそうじゃないこともありますが）。

この〝急に売上が増えている会社〟を税務調査すれば、脱税発見につながる可能性が非常に高いのです。だから、税務署は〝急に売上が増えている会社〟を重点的に調査します。

「急に儲かった会社は税金がたくさんかかるのがわかっているはずなので、事前に何か手を打つはず」

「急に儲かった会社が脱税するなんて、そんなわかりやすいウソをつくのか？」

と思われる方も多いかもしれません。

しかし、残念ながら企業はそれほど賢い存在ではないのです。

「急に儲かった会社は、脱税する可能性が高い」

ということは、データとして明確に表れている事実で、会社というのは、世間の人が思っているほど深謀（しんぼう）を持っているものではないのです。

一般の人の発想からすると、「急に儲かった会社は、それなりに節税対策をしているのではないか？」ということになるでしょう。

しかし、急に儲かった会社のほとんどは、あまり節税策を施していないのです。会社の経理などというものは、将来を深く考えた操作はしないのです。

だから税務署にとって、「売上が急増しているのに利益が出ていない」というような会社は、税務調査の格好のターゲットとなります。こういう会社は、急に儲かって税金を納めるのが勿体ないので、無理に税金を安くしている（つまり脱税）ことが多いからです。

たとえば、筆者が税務調査を行ったところに、健康食品を扱うA社という会社がありました。健康食品というのは、原価が非常に安いものが多く、一度、ヒット商品が出れば莫大な収益を稼ぐことができます。

A社は、近年ヒット商品を出していましたが、この会社は売上が急増しているのに、利益はほとんど上がっていません。だから、税金も増えていません。

こういう会社は、経費を水増しして利益を圧縮している可能性が高いのです。

その操作により「売上が伸びているのに、利益は出ていない」ということになっているのです。案の定、この会社は、架空の仕入れを計上するなどして、利益を少なく見せかけていました。

もちろん、がっぽりと追徴課税を課せられました。

このように、急に儲かった会社は、絵に描いたような脱税をしていることが多いのです。

また〝好況な業界〟というのも、非常に脱税が多いものです。

たとえば、自然災害などで建設需要が高まり、建設業界が好況になった場合、脱税をする建設業者が増加します。

好況の業界が脱税をするなんて、こんなわかりやすいことはありません。

「好況になったならば、税務署から疑われるのはわかっているんだから、何らかの手を打つものじゃないのか」

と普通の人は思われるでしょう。

しかし企業というのは、意外にそういう気は回らないらしく、〝好況になると脱税〟という非常にわかりやすい行動をとります。

だから税務署は、好況業界に対しては重点的な税務調査を行うのです。

一般の人から見ると、脱税は犯罪であり、そう簡単にはしないものと思われるかもしれません。しかし会社は、実際には驚くほど安易に脱税をするのです。

それと同様に、粉飾もしています。会社というものは、本質的にはまるで野生動物のように単純な思惑で動いているものなのです。

そして企業のわかりやすい思惑は、決算書に如実に反映されるのです。

第二章
本当に儲かっている会社を見抜く方法

税務調査対象はどうやって決まるのか?

国税調査官の重要な仕事に、「税務調査する企業を選ぶ」というものがあります。

世間一般のイメージでは、税務調査というと、何か不正をしている企業に対して税務署がある程度の証拠を掴んでから行われるもの、と見られがちです。

確かに、そういう税務調査もあることはあります。

しかし不正の証拠を掴んでから税務調査を行うというのは、税務調査全体のうち、ほんの一部です。

企業の不正情報などは、そうそう外部に出回るものではありません。不正は、企業の内部を調査して初めて発覚するものが多く、それほど簡単に発見できるものではないのです。

ですから、ほとんどの税務調査は、不正の証拠などはまったく掴めていない状態で行われるのです。

世間では、「税務調査が入った＝脱税をしている」というイメージがありますが、決してそうではないのです。

では、どうやって、税務調査をする企業を選択するのでしょうか？

それは決算書などの数字を見て、なるべく不正をしていそうな企業、儲かっていそうな企業を国税調査官が選ぶのです。

だから、国税調査官は、決算書などを瞬時に見抜く能力が必要になってくるのです。

国税調査官は決算書のここを見ている

国税調査官が儲かっていそうな企業（脱税していそうな企業）をピックアップする場合、もっともオーソドックスな方法は、「売上が毎年急増しているのに利益が伸びていない」企業を見つけることです。

そういう企業は何らかの脱税をしている可能性があるので、それをまず選定の候補にします。

「急成長して儲けた納税者は脱税する」

というと、非常に短絡的な考えのように思われるかもしれません。

「脱税をしている人は特殊な人であって、儲けたから脱税するというような簡単なものではないではないか」

と、筆者も調査官初心者のときは、そう思っていました。

しかし現実的に見ると、お金の世界は非常に単純なのです。

「儲かったら脱税してしまう」

これは、人間の性のようなものです。

もちろん儲かっていても、きちんと税金を払っている企業もたくさんあります。

しかしトータルのデータを見た場合、儲かっている企業が脱税する比率は他の企業に比べて、著しく高いのです。

しかも、「ある商品がヒットした」「業界全体が好景気」など、何かをきっかけに「売上が急増している企業」は、非常に脱税が多いのです。

売上が急増しているのに利益が出ていない納税者を見つけるには、利益率を参考にします。

利益率とは、売上に比べてどれだけ利益が出ているかを表すものです。

売上が上がっているのに、利益率が下がっている場合や、利益率が同業者に比べて極端に低い場合は要チェックということになります。

売上急増のほかにも、同業他社と比べて著しく所得が低いとか、ほかの科目は変化がないのに経費だけが急に増加しているなどの場合も、対象となります。

たとえば、「外注費が去年より倍増している」とか、「仕入れだけが急に増えている」といったケースがこれに該当します。

これらは何か不自然な操作をしている可能性があります。

また儲かっている業種を中心に選択するという方法もあります。

たとえば台風が多かった時期ならば、瓦屋や個人住宅の修理業者、その関係者を軸にして調査先を選定します。ヨーヨーが流行したならば、ヨーヨーの製造業者、販売業者に目をつけます。

売上が急増しているのに利益が伸びていない企業の例

	2020年	2021年	2022年
売上	5000万円	7500万円	9000万円
経費	3750万円	6000万円	7200万円
利益	1250万円	1500万円	1800万円
利益率	25%	20%	20%

調査官が調査対象から外す決算書とは？

何度か触れたように、国税調査官は、粉飾決算をしている企業を調査対象から外さなくてはなりません。

粉飾決算は、大企業だけのものではないのです。零細事業者でも、わざと経理状態を良く見せるということもあります。

銀行から融資を受けるとき、赤字決算では審査ではねられてしまいます。また大手企業の中には、赤字企業とは取引をしない、というところも多く、さらに公共事業を受注するためにも、何年か継続して税金を払っている必要があります。

これらの理由から、本当は赤字なのに黒字決算にして税金を払っている企業も少なくありません。

調査官としては、粉飾決算をしている納税者に税務調査を行うというような愚は避けたいのです。粉飾決算をしている納税者に追徴税は見込めないし、場合によっては税金還付をしなければならなくなるからです。

昨今の粉飾決算は巧妙になっているので、申告書を見ただけではなかなかわかるものではありません。だから、事前の選定段階では、どうしてもチェックから漏れてしまうこともあります。

しかし粉飾決算をしている企業には、ある程度特徴があります。

粉飾決算をしている企業の主な特徴は次のとおりです。

①毎年、非常に少額の税金を払っている
②役員報酬があまり高くない
③一般管理費が減っている

①の「毎年、非常に少額の税金を払っている」という企業は、粉飾決算、脱税の両方があり得るので注意を要します。

こういうケースは、本来は赤字なのですが粉飾をして最低限度の利益を上乗せしているという可能性が高いのです。しかし節税のうまい企業や脱税をしている企業も、毎年、計ったように少額の税金を払っていることもあります。

②の「役員報酬があまり高くない」は、大きなポイントとなります。役員報酬というのは、その名の通り、経営者など会社の役員への報酬です。企業に余裕があるとき、企業はまず役員報酬を高くします。逆に言えば、役員報酬が高くないということは、企業に余裕がないということです。

ただ、このケースも巧妙な脱税をしている場合も考えられます。役員報酬を低くすれば、役員が払う税金も少なくて済むからです。つまり、総合的に税金を安くするために、わざと役員報酬を低くしているということも考えられるのです。

「一般管理費」が減っている会社は要注意

前項でご紹介した③の「一般管理費が減っている」会社について、詳しくご説明しましょう。

一般管理費というのは、社員の給料やオフィスの家賃や運営費など、会社を動かしていくためにかかる費用のことです。

この一般管理費は、その会社の景気がいいかどうかのバロメーターだと言えます。

会社が経営をスリム化しようとする場合、最初に手をつけるのが一般管理費です。商品の原価などは、そう簡単には減らすことはできません。

無理に商品原価を下げようとすれば、品質の低下を招き、それが売上減につながったりするからです。

しかし、一般管理費はやろうと思えばすぐに削減できます。

社員の残業を禁止にしたり、給料をカットしたり、福利厚生を削ったり、事務所の場所を家賃の高いところから安いところに移転したりなどは、すぐに始めることができるからです。

ですので一般管理費が減っている会社は、企業組織の合理化、リストラを進めているという見方もでき、「企業体質は改善されている」とも言い換えられます。

ただ「儲かっているか、儲かっていないか」といえば、儲かってはいないのです。

毎年、利益が一定に出ている企業の中で、一般管理費が下がり続けている企業は、利益を出すために一生懸命一般管理費を下げている、と言えます。

国税調査官も、一般管理費が下がっている会社にはまず調査には行きません。

「この会社は利益を出すために、無理をしている」

と見抜き、脱税をしている余裕などはないとわかるからです。

会計初心者の方などは、特にこの一般管理費に着目してみるといいと思われます。決算書3～4年分の一般管理費を見比べてみれば、その企業が儲かっているかどうかがわかります。

決算書には、ウソをつきやすい項目とウソをつきにくい項目がある

決算書には、ウソをつきやすい勘定科目とウソをつきにくい勘定科目というのが存在します。

だから、ウソをつきやすい勘定科目を重視せず、ウソをつきにくい勘定科目の動きを注視すれば、粉飾を見破ることができるのです。

たとえば、ウソをつきやすい勘定科目の代表的なものに「売掛金」があります。

売掛金というのは、企業が取引先に商品（サービス）を販売して、その代金がまだ入金されておらず、手形などももらっていない状態の債権のことです。昔は、なじみの飲み屋で飲んで、支払いの際に「つけておいて」ということがありましたが、あの「つけ」と同じようなものです。

つまり、取引は成立しているけれど、決済は「まだ」の状態のことです。

この売掛金は、数字をちょっと書き換えるだけで、簡単に決算書を変貌させてしまうこ

とができます。

たとえば、ある企業が、売上を５０００万円過大計上したとします。そして、その過大計上された５０００万円は、売掛金に入れるのです。

この５０００万円の売掛金を公認会計士や税理士などが、ウソかどうかを見破るのは、なかなか難しいものがあります。売掛金が正しいかどうかは、すべての取引先と照合しなければならないからです。

売掛金は、その数が膨大に及ぶので、会計を監査する側は、その真偽をすべて確認することは不可能なのです。

一方、ウソをつきにくい勘定科目の代表的なものに「現金・預金」があります。「現金・預金」の場合は、売掛金とは違い、その真偽を確かめるときに手間はいりません。金を数えて、預金残高を確認するだけで済むからです。

先の例では、５０００万円の売上を過大計上し、それを「現金・預金」の勘定に入れたとします。この場合、公認会計士は「現金・預金」の金額を数えれば、５０００万円の過大計上は、簡単に発覚してしまうのです。

つまり、企業としては「現金・預金」という勘定科目は誤魔化しようがないのです。「現金・預金」は、会社の経営状態を正直に表す勘定科目と言えます。

ウソをつきやすい勘定科目とウソをつきにくい勘定科目は左の通りで、これを見ればわかるように、ウソをつきやすい勘定科目のほうが圧倒的に多く、ウソをつきにくい勘定科目は少ししかありません。これを逆手にとって、ウソをつきにくい勘定科目を徹底的にマークすれば、決算書のウソが見つけやすくなります。

ウソをつきやすい勘定科目

・売上
・一般管理費
・原価
・商品在庫
・減価償却費
・売掛金
・買掛金
・固定資産

ウソをつきにくい勘定科目

・現金・預金

・受取手形

・土地

決算書のウソを見抜くためには、ウソをつきやすい勘定科目に惑わされず、ウソをつきにくい勘定科目の動きをしっかり追っていきましょう。

たとえば、売掛金が増えていても、現金・預金が減っていれば、その企業はあまり景気が良くないということです。実際の決算書は、そう単純ではありませんが、簡単に言えばそういうことになります。

「現金・預金」が減っている会社は危ない

国税調査官は、調査先を決めるとき、「現金・預金」の動きを必ず確認します。

国税調査官の仕事というのは、追徴税を多く稼ぐことなので、税金を払える体力のある企業を狙わなければなりません。現金や預金がほとんどないような会社からは、そうそう追徴税が取れるものではないからです。

また前述したように「現金・預金」というのは、水増しなどの粉飾がしにくく、あまり誤魔化しがきかないものです。

ただし、この「現金・預金」の額も、1年分の貸借対照表を見ただけでは、それが妥当な数字かどうかはわかりません。

というのも現金や預金の妥当な残高というのは、企業によって違うからです。

現金仕入れなどが必要な業種や、人件費の多い業種は、常に多くの現金を持っておかなければならないし、仕入れのほとんどが買掛金で、人件費もそれほど多くないような業種では、現金が少ない場合もあるからです。

また企業によっては、現金や預金を持ちたがらない場合もあります。

現金や預金というのは、企業にとっては「寝ている金」であり、金を現金や預金で持っておくのはもったいないと思う経営者も多いのです。

余分な金があれば、常に有価証券を買ったりして、手元の現金や預金は少ないというケースもあります。

だから、単年の「現金・預金残高」を見るだけではなく、その推移を見るべきです。

たとえば粉飾している企業、業績が急に悪化している企業は、「現金・預金」の残高が急激に減少していく傾向があります。業績が悪化すれば、それだけ金が会社から出ていくわけなので、現金や預金に如実に表れるのです。

そういう会社は、業績の悪化を隠すために架空の売上を立てて、売掛金として計上することが多いのです。

カネボウがそのいい例です。カネボウは明治20年創業の、言わずと知れた日本を代表する紡績会社でした。そのカネボウは、長年、粉飾決算をし、最終的には破たんしました。

カネボウの粉飾は、長い間、外部には気づかれていませんでした。

しかし、カネボウの決算書は、粉飾を示すサインをいくつか発していました。その一つが、「現金・預金」の激減だったのです。

左の表のように、カネボウは、会社が破たんする直前の3年間で急速に現金や預金が減っています。

カネボウの「現金・預金」の推移　　単位　100万円

平成12年3月	平成13年3月	平成14年3月	平成15年3月	平成16年3月
12867	7387	3626	1234	9256

平成12年3月期には、128億円以上あった「現金・預金残高」が、平成15年3月には10分の1以下の12億円程度になっています（翌平成16年3月期に現金預金が増えているのは会社が清算の段階に入ったため）。

「売掛金」が急増している決算書も怪しい

前にも触れましたが、決算書のウソがもっとも表れやすい勘定科目は「売掛金」だと言えます。

というのも、企業が粉飾をするときに、もっとも多い手口というのは、売上を水増し計上するものだからです。

そして売上を水増し計上した場合、どうしても売掛金が膨れ上がってしまうのです。

たとえば、粉飾決算を繰り返し２００７年に解散したカネボウの決算書を見れば、それが顕著です。

カネボウの粉飾も「売上を水増しする」という手口でしたが、水増しされた売上のほとんどは売掛金として処理されていました。

左の表のように、現金・預金や受取手形の数値はまったく粉飾されていません。しかし、売掛金だけが膨張しているのです。売掛金の数値を書き換えるという粉飾の典型的な事例だと言えます。

カネボウの粉飾（平成15年3月期）

単位 100万円

	売上	売掛金	現金・預金	受取手形
粉飾数値	233216	73722	1234	49927
真実の数値	224856	54333	1234	49927

売上というのは、だいたい次のような手順で経理処理されます。

売上計上
←売掛金計上
←受取手形などに計上
←現金・預金などに計上

売上金は、一旦、売掛金に計上され、代金として受取手形をもらったときに受取手形に計上されます。そして代金を直接現金や振り込みで払ってもらったり、受取手形を現金化したりした場合に、「現金・預金」に計上されるのです。

受取手形や「現金・預金」というのは、その額の真偽はすぐに確認できます。現物がすぐに確認できるので、帳簿上と現物の数値を照合すればいいだけだからです。

しかし、売掛金の残高が正しいかどうかというのは、なかなか確認できるものではありません。売掛金というのは、商品やサービスを顧客に引き渡した後、まだ代金や手形などをもらっていない状態の売上です。つまり、商品（サービス含む）が渡しっぱなしになっている状態です。

売掛金というのは、取引者同士の約束があるだけで、手形や現金などの現物はありません。もちろん取引者同士というのは、口約束ではなく、契約書を交わしたり、請求書や納品書を出したりしているので、何の証拠もないわけではありません。

しかし、契約書や請求書などというのは、簡単に偽造することができます。もし、会計士などがそれを本物かどうか確かめるためには、取引先すべてに確認を取らなければなりません。

だから、企業は売上の水増しをした場合、その売上は、とりあえず売掛金として処理します。売掛金にしておけば、外部に水増しが発覚することはないからです。

そのため、売掛金が急増しているような企業は、要注意なのです。

売掛金が急に減った会社は脱税の疑い

前項では「粉飾している企業は売掛金が急増する傾向がある」ということを述べましたが、逆に売掛金が急に減った会社は、脱税している可能性があります。

というのは、脱税の工作のほとんどは期末になって慌てて行うものだからです。そしてもっとも多い脱税工作というのは、本当は今期の売上だけれど翌期に繰り延べるというものです。

この脱税をした場合、損益計算書の上ではあまり異常は出てきません。なぜなら、損益計算書では、売上を前期と同レベルにし、原価率も前期と変わらない数値にすることが可能だからです。

しかし、この操作をした場合、売掛金の額には大きな異常が出るのです。

通常、期末の売上のほとんどは売掛金、もしくは受取手形となります（現金商売ではない限り）。だから、期末の売上を削って翌期に繰り延べた場合は、期末の売掛金や受取手形の額が大きく減るのです。期末の売掛金や受取手形の額が増減した場合、貸借対照表にダイレクトに反映されます。

たとえば、3月決算のAという会社があったとします。この会社は、今期は非常に業績がよく、20%の売上増となりました。経営者は、税金対策をまったくしていなかったので、期末になって売上が多いことに気づきます。利益は30%以上増える計算となりました。となると、税金も3割増しということになります。

経営者は、それをなんとしても阻止したいと考えました。そのため、3月の売上の半分を翌期の売上として計上したのです。繰り延べた売上の分の仕入れはもちろん在庫とされたので、全体の利益率は例年とほとんど変わりませんでした。

しかし売掛金は、例年よりも30%も低くなってしまいました。そこに税務署が目をつけ、税務調査で脱税発覚となってしまった、という具合です。

だから、もし売上や利益にほとんど変化がないのに、売掛金や受取手形だけが急減している場合は、脱税を疑ってみるべきだと言えます。

脱税決算書の代表的な特徴　A社の場合（カッコ内は実際の数値）

	2021年	2022年
売上	10億	10億（12億）
利益	5000万	5000万（6500万）
利益率	5％	5％（5・4％）
売掛金	3億円	2億円

従業員や人件費が減っている会社は景気が良くない

決算書のウソは、損益計算書や貸借対照表の数字だけに表れるものではありません。従業員に関する情報などにもウソが表れたりすることがあります。

市販の企業情報書籍やネットの企業情報の中には、「従業員の状況」という資料があります。これには従業員の数や平均給料、平均在籍年数などが記載されています。

これは、企業の趨勢を占う上で、非常に重要な情報だと言えます。それは企業の分析には欠かせないものだからです。

決算書を見るときには、必ずこの「従業員の状況」も見てみましょう。企業内部の状況が、より鮮明に見えてくるはずです。

たとえば「従業員数」を数年分見比べて、社員が増えている会社は、景気がいいということが言えます。

平均給料についても、しかりです。

景気がいい会社は、給料やボーナスを上げるので、平均給料が増加します。反対に景気が悪い会社は、残業などを減らすので、平均給料が減ります。だから平均給料の数年分の増減を見るだけでも、その会社が儲かっているかどうかがわかるのです。

また、従業員の平均在籍年数も重要な情報です。

在籍年数を数年間見比べて、数値が伸びているようであれば、退職者は少ないということになります。在籍年数が減っている場合は、退職者が多いということであり、企業の運営としては何か事情があると見られます。

リストラが進行中か、会社の雰囲気が悪くて従業員が居つかないということも考えられます。また団塊の世代が大量に退職したことも考えられます。

そういう事情があれば、概況に書かれているはずです。こういう情報も、企業の趨勢を占う上で重要です。

企業は決算書の数値については、神経を使って辻褄（つじつま）を合わせてきますが、こういう付帯情報については、無防備な場合が多いのです。だから、こういう付帯情報から企業の真実が見えてきたりすることもあります。

国税調査官が、税務調査先を選定するときも、従業員の増減というのは、重要な情報になります。

従業員が減っている会社というのは、まず税務調査先として選びません。給料を払えずに従業員が減っているような会社が、脱税をしている可能性は低いからです。

いつも同じくらい利益が出ている決算書はおかしい

企業の業績というのは、いいときもあれば悪いときもあります。必然的に決算書も、利益が多いときもあれば少ないときもあるものなのです。

しかし、図ったように毎年同じくらいの利益が出ている決算書が時々あります。こういう決算書はウソの可能性が非常に高いのです。

なんらかの操作をして、利益を一定に保っている可能性があるからです。

特に売上が増減しているのに、利益は一定になっている、という決算書は要注意です。粉飾か、脱税のどちらかをしていると思われます。

たとえば、次の表の例のような決算書です。

「売上は増減があるのに利益だけ一定」の例

単位1万円

	2019年3月期	2020年3月期	2021年3月期	2022年3月期
売上	476587	512428	421367	452133
利益	18769	18832	18583	18616

売上は年によっては10億円近い差があるのに、利益は数百万円の違いしかありません。売上が激しく増減しているのに、利益が一定ということは、経費を故意に増減させることで、利益を調整していると考えられます。

ただ、違法的な粉飾決算を行っているかどうかはわかりません。合法的に、無理に利益をねん出しているという可能性もあります。

簡単に言えば、「儲かっていないときには、決算書上の経費を切り詰める」ということです。

そして、こういう数値になっている企業は、それほど儲かっているわけではないことが多いのです。

「儲かっていないけれど、利益を出さないとマズイから、頑張って利益を出しました」というわけです。

このような決算書は、実は上場企業でもよくあることです。

上場企業は、利益を出すことが至上命題でもあります。だから、儲かっていないときでも、ある程度は無理をして利益を出すものです。

でも、あまりたくさん利益を出す体力がないので、毎年、例年並みの利益を出しているのです。こういう会社は、「一般管理費」「役員報酬」

などを必ずチェックしましょう。「一般管理費」「役員報酬」が減っていれば、儲かっていないということが明白な

第四章 会計初心者のための決算書の読み方

決算書は細かく見るな、流れを見ろ

税務署員は、決算書の細かい内容を見たりはしません。

前述したように、毎月申告書が山のように送られてくるので、それを細かくチェックしたりはできないのです。

税務署員のほとんどは、３個くらいの勘定科目しかチェックしていません。税務署員が必ずチェックする勘定科目は、「売上」「利益」「現金・預金」くらいです。

が、税務署員は、その３個程度の勘定科目を数年分の「流れ」で見ます。数年分の決算書を比較してみるのです。

１年分の決算書をいくら詳しくチェックしても、決算書の本質というのは見えてきません。その逆に、数年分の決算書を簡単に見比べるだけで、かなり決算書の本質が見えてくるものなのです。

なぜか決算書のマニュアル本などでは、このことはあまり書かれていません。

巷（ちまた）の決算書マニュアルでは、1年分の決算書を精密に分析することばかりを詳細に記してあります。

粗利がどうだ、流動比率がどうだ、などという難しそうな用語がたくさん出てきて、1年分の決算書の数値を様々な方法で分析するわけです。

つまりは、「静止画の画素数をどれだけ上げるか」ということがメインテーマになっているのです。

が、元税務署員として見ると、これは決算書を見る上でまったく実践的ではありません。

税務署の仕事で決算書を読み解くために一番重要なことは、「数年分の流れで見る」ということでした。

粗利や流動比率などの細かい分析はそれほど役に立つものではなく、代表的な勘定科目のいくつかを各年で比較したほうが、その企業の経営状況が見えてくるのです。極端な話、「売上」と「利益」を数年分比較してみるだけで、その企業の状態はかなりわかるのです。

1年分の決算書をどれだけ詳細に分析しても、まったく役に立たない

「流動比率」

「自己資本比率」

見るからに難しそうな言葉ですよね？

会計の初心者にはなかなか取っつきにくいもののはずです。

決算書のマニュアル本などでは、こういう難しい言葉がたくさん出てきますし、必須項目として挙げられています。

が、こういう難解な分析比率というのは、決算書の本質を読み解く上でそれほど大事なものではありません。

それよりも、決算書の時間の流れを見ることのほうが、よほど企業の経営状況を把握することができるのです。

もちろん、いろいろな分析比率を覚えて悪いことはありません。分析比率をたくさん覚えたほうが、様々な角度から企業会計を分析できるので、より精度の高い企業分析ができることは間違いありません。

が、それも「決算書の流れ」を見てからの話です。

「流動比率」「自己資本比率」などの言葉をたくさん覚えて数式も会得して、いろんな分析を施(ほどこ)したところで、「1年分の決算書」を見ただけでは何もわからないに等しいのです。

「流動比率」「自己資本比率」などのいろいろな分析比率は、「決算書の流れ」を見てこそ本当に役に立つのです。

「借金の大きい企業」より「借金が増えている企業」のほうが危ない

利益率などの各種の分析をする場合も、単年分ではあまり意味がありません。

それぞれの企業にはそれぞれの事情がありますので、「標準値」というものがないからです。その利益率が正しいのか、間違っているのか、1年分の決算書を見ただけではわからないのです。

たとえば、「自己資本比率」について考えてみましょう。

自己資本比率というのは、企業の資産の中で、資本金など「自分の金」がどれだけあるかを示した比率です。この自己資本比率は、企業の経営状態を知る上で重要な分析比率だとされています。

負債が大きければ、「自己資本比率」が低下します。そして、「自己資本比率が低い企業はあまり良くない」ということが、決算書マニュアルなどには書かれています。

しかし、負債が大きくて自己資本比率が低い企業は本当に経営状態が悪いのかというと、一概には言えないのです。

企業は何か大きなプロジェクトを実行する場合は、多額の借金をするものです。また事業を開始したばかりのときにも、借金をしていることが多いものです。

また借金をしているということは、その企業に金を貸してくれる人（金融機関、企業など）がいるということであり、その事業の将来性が見込まれているということでもあります。金融機関から評価されていない企業は借金をしたくてもできません。

だから、単純に負債が大きい企業＝危ない企業という見方はできないのです。

負債について我々が確認しなければならないのは、負債の大きさそのものよりも、「負債が増えているか減っているか」です。

そのためにも、「決算書の流れ」を見なければ意味がないのです。

負債の大きさ自体はそれほどでもなくても、負債がなかなか減らない企業や、負債がどんどん増え続けている企業というのは、やはり危険要素が隠れていると言えます。

そういう企業は、「なぜ負債が減らないのか、なぜ負債が増え続けているのか」をさらに追究していくことで、その企業の経営状態の本質に迫ることができます。

「同業他社との比較」はあまり意味はない

また同業他社との比較をしても、あまり意味はありません。

「決算書の見方」などのマニュアルには、「同業他社と比較してみるべき」ということもよく書かれています。

しかし、同業他社との比較からは、その企業の特色を知ることはできますが、その企業が儲かっているかどうかを知ることはできません。

というのも同じ業種の同規模企業であっても、その経営形態には多くの違いがあるからです。

たとえば建設業などには、自社の社員は非常に少なく、ほとんどを下請けに任せている企業もあれば、多くの社員を抱えて仕事の大半の業務を自社の社員で行う、という企業もあります。

前者では人件費の割合が非常に大きくなるし、後者では人件費の割合は非常に小さく、代わりに外注費の割合が非常に大きくなります。

両者は、一般管理費の割合などがまったく違い、必然的に財政構造も大きく異なります。場合によっては、利益率なども大きく違ってきます。建設業に限らず、いろいろな業種で、自社の社員を多く抱えている企業と外部に発注することが多い企業では、決算書の内容が異なるのです。

またメーカーなども、大量生産の薄利多売を得意としているところもあれば、付加価値の高い少品種の製造を行っているところもあります。両者の間では、原価率などの数値がまったく違ってきます。

このように企業間というのは、同業種、同規模であっても、それぞれ違った事情があります。だから、利益率や原価率などの分析比率を単純に比較することは難しいのです。

しかし、1社の決算書を数年分比較してみると、その会社の状況があぶり出されてきます。

調査官は経験上「決算書の流れ」を重視する

筆者が、「決算書の流れ」を重視するようになったのは、国税調査官としての経験からです。

国税調査官として、いろいろな事業者を税務調査するうちに、「決算書は流れで見なければダメ」ということを体感しました。これは、おそらく全国の国税調査官に共通するものだと思われます。

というのも、前にも触れましたが、国税調査官の仕事というのは、脱税を発見することです。脱税を発見するということは、決算書の矛盾を見つけ出すことです。脱税をしている事業者の場合、決算書は事業の実態通りのことを表していないわけです。だから、決算書のウソを見つけ出すことが、脱税発見の第一歩になるわけです。

しかし、当然のことながら、脱税者もバカではありませんので、決算書のウソがバレないように様々な細工を施しています。

だから、一見すると、決算書にウソがあるようには見えません。

脱税者の決算書も勘定科目ごとに、矛盾がないように仕上げてあります。しかし、一つひとつは矛盾が生じないように偽装されていても、全体の流れを見れば、矛盾が見えてくることもあるのです。

また利益率などの各種の分析をしても、決算書のウソを見破ることはできません。先ほども述べましたように、それぞれの企業にはそれぞれの事情があるので、「標準値」というものがないからです。

税務署のコンピュータには、利益率など各種の分析を自動的に行い、「異常値」が出れば表示されるという機能があります。つまりは、コンピュータが脱税分析の手助けをしてくれるというわけです。

しかし、このコンピュータの表示する「異常値」は、まったく当てにならないのです。税務署のコンピュータは頻繁に「異常値」を示しますが、実際にその企業に税務調査に行っても、その異常値が脱税摘発に結びつくようなことはまずないのです。

だから税務署の調査官のほとんどは、コンピュータの分析など当てにしません。

それよりも、「基本的な勘定科目を数年分見比べること」のほうが、よほど正確にその企業の異常値を示してくれるのです。

いくつかの勘定科目の数年分を比較してみると、企業会計の矛盾があぶり出されてきます。企業が決算書に何らかの細工をした場合、どこかの勘定科目が異常に増減するのです。

たとえば、売上を水増しして粉飾している場合は、売掛金が急に膨れ上がることがあります。

また、経費を誤魔化した粉飾をしているときには、在庫が急に増えることがあります。

だから、数年分の決算書を比較し、急に増減している勘定科目がないかどうかをチェックするのが、税務署員の決算書の基本的な見方です。決算書の真偽を確かめるときには、それがもっとも手っ取り早く実践的な方法なのです。

筆者が税務署に在籍していたのは20年前のことなので、今はもっとコンピュータも進化しているかもしれません。しかし、細かく専門的な分析が、個々の企業分析にはあまり役に立たないことは、今でも変わりないはずです。なにしろ、企業には「個体差」があるわけですから。

「売上」だけを追ってもいろんなことが見えてくる

では、「決算書の流れ」の見方を具体的にご説明していきましょう。

まずは「売上」だけを数年分、追ってみましょう。

決算書の中でも「売上」というのは、もっとも基本的な勘定科目です。

この「売上」を見るだけでも、企業の相当なことがわかるのです。

1年分の決算書だけを見ても、「売上」という勘定科目はその事業者の規模を把握することくらいしかできません。しかし、「数年分の決算書」で売上を見てみれば、その事業者の様々な状態が見えてきます。

たとえば、A社の3年分の決算書を見たとき、売上は次のようになっていたとします。

A社の売上の推移

2020年度	売上	14億5000万円
2021年度	売上	16億8000万円
2022年度	売上	19億6000万円

これを見れば、この事業者の売上は、年々伸びているということがわかります。

「何かヒットしたのかな?」

「何か事業を拡大したのかな?」

「この業界は景気がいいのかな?」

というような推測を立てることができるはずです。

そして、その推測をもとにして「なぜ売上が伸びているのか」を追究すればいいのです。

そういうことはネットなどで検索しても、すぐに調べることができます。そうすれば、この企業が本当に儲かっているかどうかをチェックすることができるのです。

売上が下がっている企業

また、A社と同じ業種で同規模のB社の3年分の売上は、次のような数字になっていたとします。

B社の売上の推移

	売上
2020年度	24億2000万円
2021年度	22億7000万円
2022年度	21億4000万円

これを見れば、先ほどとは逆の感想を持つはずです。

「この事業者は売れ筋の商品がないのか?」

「事業を縮小したのか？」

「業界自体が不景気なのか？」

という感じになるはずです。

そして、この推測をもとにA社と同じように追究していけば、この企業の経営状況が見えてくるわけです。

しかし、これを「1年分の決算書」だけで見たらどうなるでしょう？

A社とB社の2022年度の売上

A社	19億6000万円
B社	21億4000万円

2022年度であれば、A社は19億6000万円、B社は21億4000万円という情報だけしか入ってきません。となると、同業種同規模なのだから「B社のほうが儲かっている」というようなイメージを持つ人もいるはずです。ところが実際には、A社のほうが伸びているのです。

「売上」が急増している会社は要注意

また売上が急増している会社もあります。これは、税務署としては要注意の企業です。それは、脱税をしている可能性があるからです。

たとえばC社の売上は、次のようになっていました。

C社の売上の推移

年度	売上
2020年度	13億5000万円
2021年度	14億8000万円
2022年度	20億6000万円

これを見ると、C社は2020年度、2021年度とそれほど変わらない売上なのに、

2022年度に急に増加していることがわかります。税務署がピックアップする企業というのは、この「売上が急増している企業」です。

なぜなら経験上、「脱税」が見つかる会社でもっとも多いのは、こういう〝売上が急増している会社〟だからです。

売上が急増している会社は、〝急に儲かっている〟という場合が多いのです。

売上が上昇するということは、だいたい儲けも増えます（稀に、そうじゃないこともありますが）。

この〝急に売上が増えている会社〟を税務調査すれば、脱税発見につながる可能性が非常に高いのです。だから、税務署は〝急に売上が増えている会社〟を重点的に調査します。

「急に儲かった会社は税金がたくさんかかるのがわかっているはずなので、事前に何か手を打つはず」

「急に儲かった会社が脱税するなんて、そんなわかりやすいウソをつくのか？」

と思われる方が多いかもしれません。

しかし残念ながら、企業はそれほど賢い存在ではないのです。

「急に儲かった会社は、脱税する可能性が高い」

ということは、過去のデータに明確に表れている事実です。会社というのは、世間の人が思っているほど、深謀を持っているものではないのです。

一般の人の発想からすると、「急に儲かった会社は、それなりに節税対策をしているのではないか？」ということになるでしょう。

しかし、急に儲かった会社のほとんどは、あまり節税策を施していないのです。会社の経理などというものは、将来を深く考えた操作はしないのです。

税務署にとって「売上が急増しているのに利益が出ていない」というような会社は、税務調査の格好のターゲットとなります。こういう会社は、急に儲かって税金を納めるのが勿体ないので、無理に税金を安くする（つまり脱税）ことが多いのです。

「売上」が凸凹になっている企業

また、売上が凸凹になっている会社もあります。

たとえばD社では、次のような売上になっていました。

D社の売上の推移

2020年度	売上	19億4000万円
2021年度	売上	16億2000万円
2022年度	売上	21億7000万円

これを見ると、Ｄ社の売上は上がり下がりが激しいということがわかります。

「業績が安定していないのか？」

「２０２１年度は何かあったのか？」

というような推測が立てられるはずです。

このように「売上」というたった一つの勘定科目だけでも、数年の決算書を見比べればいろいろなことが見えてくるのです。

こういうことを言うと、

「決算書は数年分の流れで見たほうがわかりやすいなんて、当たり前のことじゃん」

と思う人もいるでしょう。確かに言われてみれば、その通りのはずですし、ごくごく当たり前のことのように思われます。

が、決算書の入門書では、「決算書は流れで見ろ」というようなことはなかなか出てきません。細かい勘定科目や分析方法には詳しく触れていますが、流れで見ることの大切さを強調した本には、これまでほとんどお目にかかりませんでした。

だから筆者は、しつこくしつこく「決算書は流れで見ることが大事」だと説明しているのです。

「売上」と「利益」だけで相当のことがわかる

前項では、「売上」だけを数年見比べるだけでかなりのことがわかる、ということをご紹介しましたが、これに「利益」を加えると、さらにいろいろな情報が得られます。

ここで言う「利益」というのは、「経常利益」のことです。利益にはいくつか種類があり、経常利益というのは「本業の利益」のことです。

たとえば、E社の「売上」と「経常利益」の推移が次のようになっていたとします。

E社の「売上」と「経常利益」の推移

	売上	経常利益	備考
2020年度	15億3000万円	1億8000万円	
2021年度	16億6000万円	2億1000万円	売上とともに経常利益も増加
2022年度	19億6000万円	2億6000万円	売上とともに経常利益も増加

これを見ると、E社では売上が増えるとともに経常利益も増えていることがわかります。これは健全に成長している優等生的な企業だと言えます。

売上が増えれば利益も増えるのは当たり前のようにも思えますが、現実の企業では決してこうなるとは限らないのです。

売上が増えているのに利益が横ばい

売上が増えているのに経常利益は増えていない（横ばい）という企業も時々あります。

こういう決算書は、「脱税」と「粉飾」の両方の可能性があります。

たとえば、F社の「売上」と「利益」の推移は次のようになっていました。

F社の「売上」と「利益」の推移

	売上	利益	備考
2020年度	14億5000万円	1億3000万円	
2021年度	15億7000万円	1億2000万円	利益はほぼ横ばい
2022年度	17億2000万円	1億5000万円	利益はほぼ横ばい

これを見ると、F社では売上は増えているのに、経常利益は横ばいだということがわかります。

これはどういうことが予想されるでしょうか？

「利益よりも売上を優先したのか？」

「売上を増やしても、その分の経費が増えて儲けにつながらなかったのか？」

ということが、まず推測されるでしょう。

ちなみに、この「売上が増えているのに利益は増えていない」という決算書は、もっとも典型的な脱税者の傾向でもあります。つまりは、「本当はもっと利益が出ているのに、どこかで誤魔化して利益を低く抑えている」というわけです。

だから、税務署の調査官たちは、こういう決算書の事業者に、最初に目をつけます。そして決算書のほかの項目を分析したりして、「なぜ売上が増えているのに利益が増えていないのか」ということを追究するのです。

たとえば、人件費の項目を見たら、「人件費も非常に増加していたということがわかった」「つまり売上が増えてもその分、人を多く雇用したので、利益につながらなかった」ということが判明するわけです。

しかし、そういう理由が一切見つからないようなときには、「脱税をしているのではないか」ということで税務調査対象として選定することになるのです。

また、この傾向にある企業は、脱税とはまったく逆の方向に行っているケースもあります。

それは「売上至上主義の落とし穴にはまっている」というケースです。

企業というものは得てして、「売上を増やすこと」に熱中してしまうものです。本来、企業の目的は利益を上げることですが、売上を増やせば利益の増加にもつながることが多いので、「売上を増やすことが目的」になってしまうことも多々あるのです。

これが「売上至上主義」です。

この売上至上主義に陥(おちい)ると、意外な落とし穴にはまることもあるのです。現場に売上を伸ばすようにハッパをかけ、現場は利益の薄い商品ばかりを大量に販売したり、値引き販売をして無理やり売上だけを増やしたりするのです。となると、売上は増えているのに利益はまったく増えない、ということになります。

大したヒット商品も出ていないのに、売上だけは毎年増加していて、利益は上がっていないという企業は、その可能性が大いにあります。

なので投資家なども、決算書にこの傾向が出ていれば注意する必要があるでしょう。

売上は上下するのに、利益はいつも同じくらい

売上は上下しているのに、なぜか経常利益はいつも同じくらいという企業も時々あります。

こういう企業も、「脱税」と「粉飾」の両方の可能性があります。

普通、企業の業績というのは、いいときもあれば悪いときもあります。必然的に決算書も、利益が大きいときもあれば少ないときもあるものです。

しかし、計ったように毎年同じくらいの経常利益が出ている決算書は、ウソをついているか、不自然なことをしている可能性が非常に高いのです。なんらかの操作をして経常利益を一定に保っている可能性があります。

たとえば次のG社のような決算書です。

G社の「売上」と「経常利益」の推移

	売 上	経常利益	備 考
2020年度	17億2000万円	1億1000万円	
2021年度	14億5000万円	1億円	利益はほぼ横ばい
2022年度	17億1000万円	1億2000万円	利益はほぼ横ばい

２０２１年度の売上は前年より3億円近い落差があるのに、利益はほとんど違いがありません。

売上が激しく減少しているのに、利益が一定ということは、経費を故意に低く計上することで、利益を調整しているとも考えられます。

ただ、違法的な粉飾決算を行っているかどうかまではわかりません。無理矢理でも合法的に利益をねん出しているという可能性もあります。つまり、簡単に言えば、「儲かっていないときには、経費を切り詰める」というケースです。

そして、こういう数値になっている企業は、それほど儲かっているわけではないことが多いのです。「儲かっていないけれど、利益を出さないとマズイから頑張って利益を出しました」ということなのです。

このような決算書は、実は上場企業でもよくあることです。上場企業は、利益を出すことが至上命題でもあります。だから、儲かっていないときでも、ある程度は無理をして利益を出すものです。でも、あまりたくさん出す体力がないので、毎年、例年並みの利益を出しているのです。

また逆に、儲かった年に経費をいじって税金を一定に抑えているという可能性もあります。税金を必要以上に納めないように、調整しているのです。違法な利益調整をすれば脱税になりますが、合法的な利益調整をしている企業はかなりあります。

売上が下降し、利益も下降

次に「売上が下降している企業」について見ていきましょう。

まず、「売上が下降し、利益も下降している企業」です。

普通に考えれば、売上が下降すれば利益も下降します。そして、当たり前のことですが売上と利益が下降している企業というのは、決していい状態ではないと言えます。

ただ、売上と利益が下降している企業というのは、その企業自体に責任があるのではなく、業界全体がそういう傾向にあるかもしれません。だから、売上と利益が下降している決算書を見たときには、その業界がどういう状況なのかということもチェックしておきたいものです。そうやって、企業の本質に迫っていくわけです。

また、売上と利益の下降にもいくつかパターンがあります。

次表のH社の数字を見てください。

H社の「売上」と「経常利益」の推移

	売上	経常利益	備考
2020年度	18億2000万円	1億8000万円	
2021年度	17億8000万円	1億5000万円	売上も利益も下降
2022年度	17億1000万円	1億1000万円	売上も利益も下降

売上と利益が比例するように下降しています。このケースは、「あまり景気がよくない」ということは言えますが、まだそこまで差し迫った危機ではないとも言えます。

次にI社の推移を見てください。売上も下降していますが、それよりも利益の下降の仕方が激しいのです。企業の中には、売上が一定程度下降すれば利益が一気に減っていくものもあります。そういう企業は、要注意ということになります。

I社の「売上」と「経常利益」の推移

	売上	経常利益	備考
2020年度	19億1000万円	1億9000万円	
2021年度	18億1000万円	1億2000万円	利益が急下降
2022年度	17億8000万円	4000万円	利益が急下降

売上は下降しているのに利益はいつも同じくらい

売上が下降しているのに経常利益はいつも同じくらいという企業も時々あります。

次のJ社の「売上」と「経常利益」の推移を見てください。売上は下降しているのに、利益はほとんど変わっていません。

J社の「売上」と「経常利益」の推移

	売上	経常利益	備考
2020年度	19億3000万円	1億2000万円	
2021年度	17億1000万円	1億1000万円	利益はほぼ横ばい
2022年度	16億3000万円	1億2000万円	利益はほぼ横ばい

こういう企業は、粉飾をしている可能性もありますが、営業努力をしている可能性のほうが高いのです。

普通に考えれば企業の売上が下降していれば経常利益も下降するはずです。なのに、経常利益が下がっていないとなれば、そこには必ず何らかの企業の作為があるでしょう。もしかしたら、売上が下がっているので企業が必死で経費削減などの努力をし、経常利益を確保できているのかもしれません。

一方、粉飾の可能性もあるにはありますが、それほど高くはありません。というのも、粉飾の定番の方法は「売上」を水増しし、それに応じて「利益」も水増しするというものです。なぜなら売上の粉飾はしやすいからです。売上の場合、子会社や関連会社に売ったことなどにすれば簡単に粉飾ができてしまうのです。

そして売上だけを粉飾すればいろいろ不自然な面が出てくるので、それに連動させて利益も粉飾するというのが、もっともオーソドックスな粉飾の手口なのです。

だから売上の粉飾をせずに「売上が減少している」という時点で、粉飾をしている可能性は低くなります。

こういう企業の場合、「売上が減っている理由」「売上が減っているのに利益が維持できている理由」があるはずなので、それを掘り下げていけば真実が見えてくるはずです。

売上は下降しているのに利益は上昇

たまに、売上は下降しているのに利益は上昇しているような企業もあります。

次のK社のように売上は急激に減っているのに、利益は逓増（ていぞう）しているようなケースがあるのです。

K社の「売上」と「経常利益」の推移

	売　上	経常利益	備　考
2020年度	20億3000万円	1億2000万円	
2021年度	17億1000万円	1億3000万円	利益は上昇
2022年度	15億2000万円	1億7000万円	利益は上昇

こういう企業は、営業スキームに何らかの変革を起こしている可能性が高いと言えます。

前述したように、企業というのは時々「売上至上主義」にはまってしまうことがあります。売上を増加させれば利益も連動することが多いので、「売上さえ増加させればよい」という考えに陥ってしまうのです。その結果、無理な売上増加策を行い、売上は増えているのに、利益は増えていないということになります。こういう企業は、売上が増えることで従業員の負担なども増えているものです。つまり「労は多いのに利は少ない」ということです。

企業もやがてこれに気づき、売上を無理に増やさずに、確実に儲けの出る商売をしようと切り替えたりします。

そうなれば売上は下降していても、利益は維持できます。場合によっては、利益が増えるということもあるでしょう。

だから、こういう企業は「売上は減っていても景気はいい」という場合が多いのです。

「現金・預金」が大事な理由

これまで、「売上」と「利益」を数年分の流れで見ることにより、業績が良好な企業を見つけ出す方法をご紹介しました。

これからは、そういう企業が儲かっているかどうかを「現金・預金」から確認する方法をご紹介したいと思います。

企業が本当に儲かっているかどうかを判断する材料として、もっとも重要なものは「現金・預金」という勘定科目だと言えます。会社が順調に動いているのかどうかは、「現金・預金」に表れるからです。

「売上」「利益」が企業の決算にとって非常に重要な勘定科目だということは、みなさん理解できると思います。

が、「現金・預金」という勘定科目がどれほど大事なのかということは、理解されにくいようです。

「今の時代、別に現金、預金を持っていなくてもいいじゃないか」

と思う人も多いでしょう。

しかし、企業にとって「現金・預金」を適正量確保できるというのは、非常に大事なことなのです。

現金を確保する方法は、別に「利益を上げる」ということだけではありません。銀行からお金を借りるという方法もあるわけです。

が、利益を上げるにしろ、銀行からお金を借りるにしろ、企業の経営状態が健全でなければ成立しえないことなのです。銀行は、その企業の経営が危なかったり、何か不安な要素があったりすれば、お金を貸してくれません。

だから自前のお金にしろ、銀行から借りたお金にしろ、とにかく現金を持っているということは、それなりに「力のある企業」と言えるのです。

国税調査官も、調査先を決めるとき、「現金・預金」の残高は必ず確認します。

国税調査官の仕事というのは、追徴税を多く取ることなので、税金を払えるだけの体力のある企業を狙わなければなりません。現金、預金がほとんどないような会社からは、そうそう追徴税が取れるものではないからです。

「現金・預金」はウソをつきにくい勘定科目

企業が本当に儲かっているかどうかを知る上で、「現金・預金」の動きが大事だという理由の一つに、「現金・預金」がウソをつきにくいということもあります。

これまで「売上」と「利益」の流れで儲かっている企業を見つける方法をご紹介してきましたが、この「売上」「利益」というのは、企業側はウソをつこうと思えば簡単につくことができます。

売上を誤魔化そうと思えば、請求書や納品書などを改ざんすればいいだけです。公認会計士、税理士などというのは、請求書や納品書が正しいものかどうか、いちいちチェックしませんので、企業側は簡単に誤魔化すことができるのです。

もちろん、税務署は別です。税務署はその辺りは執拗にチェックします。しかし、公認会計士などの段階では、そこまで細かいチェックはしません。また税務署も、「売上を抜いた場合」は厳しく追及しますが、粉飾の場合は、ほとんどスルーします。

だから、架空の売上を計上しても、決算書からはなかなかわからないことが多いのです。そして、架空の売上を立てた場合、必然的に利益も増加します。架空の売上分だけ利益が増えることになりますから。

このように「売上」「利益」というのは、企業側が不正をしようと思えば簡単に行える科目です。だから、「売上」と「利益」の流れを見るだけで、この企業が本当に儲かっているかどうかというのはわからないのです。

ところが、「現金・預金」というのは、簡単にウソをつくことはできません。

なぜなら「現金・預金」の場合、公認会計士などがその真偽を確かめるのに手間はかからないからです。金を数えて、銀行の預金残高証明書を確認すれば済みます。もし、銀行の残高証明書などを企業が偽造したりすれば、私文書偽造などの犯罪になりますので、そこまでやる企業はほとんどありません。

だから、企業としては誤魔化しようがないのです。つまり「現金・預金」は、会社の経営状態を正直に表す勘定科目と言えるのです。

そのため「現金・預金」の増減を追っていけば、企業の経営が傾いているようなときには、事前に察知することができます。

「現金・預金」が減っている企業には、国税調査官はあまり調査に行かないと述べたのは、こういうことなのです。

現金は多すぎてもいけない

ただし、「現金・預金」は多ければ多いほどいいかというと、そうでもありません。

企業によっては、現金や預金を持ちたがらない場合もあります。「現金・預金」というのは、企業にとっては「寝ている金」であり、資産を現金や預金で持っておくのはもったいないと思う経営者も多いのです。余分な金があれば、常に有価証券を買ったりして、手元の現金預金は少ないというケースもあります。

株式会社というのは、株主から資金を集め、その資金を使ってお金を稼ぐことを目的にしています。株式会社の経営者というのは、資金をいかに有効に使うかということに尽力しなければならないのです。

株主から見れば、もし手元に多額の「現金・預金」があるのであれば、「それを使って何か金儲けをしろよ」という話になるのです。特に、不特定多数の株主がいる上場企業などは、「お金の有効活用」について神経をとがらせています。

だから大企業の場合は、「現金・預金」というのはあまり持たないのが一般的です。

その一方で、中小企業の場合は、「現金・預金」をかなり貯め込んでいるケースが多いのです。

日本の中小企業の大半は、筆頭株主と経営者が同一です。自分のお金ですから、経営者は必ずしも「お金の有効活用」に神経をとがらせなくてかまいません。むしろ、中小企業の場合は、銀行からお金を借りるのが難しかったりするので、いざというときのために「現金・預金」はなるべく多く確保しておこうと考えます。

「現金・預金」の妥当な残高というのは、業種によっても違います。

現金仕入れなどが必要な業種や、人件費の多い業種は、常に多くの現金を持っておかなければならないし、仕入れのほとんどが買掛金で、人件費もそれほど高くないような業種では、現金が少ない場合もあります。

つまり、この「現金・預金」の額も、ただ1年分の貸借対照表を見ただけでは、それが妥当な数字がどうかはわかりません。だから、単年の「現金・預金」の残高を見るだけではなく、その推移を見るべきなのです。

そして「現金・預金」はどういう状態がベストなのかというと、「激しい増減がないこと」です。企業の「現金・預金」の残高が大きく変動するときというのは、ほとんどが特殊な事情があるケースです。

もちろん、それは必ずしも経営が悪化したケースだとは限りません。事業形態を変えたために、現金が多く必要になったり、逆に必要でなくなったりするケースもあります。しかし、いずれにしろ、ステークホルダーは注意を要する事態ではあるのです。

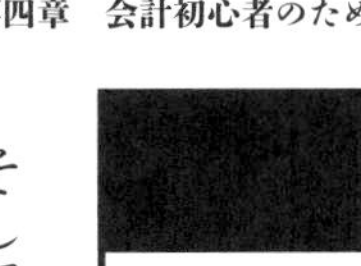

ウソをついていない会社の「現金・預金」

そして「売上」「利益」と絡み合わせて「現金・預金」の数年分の推移を見ると、さらにその企業の経営状態が見えてくるようになるのです。

本当に儲かっている会社や本当は儲かっていない会社の「現金・預金」がどうなるのか、具体的にご説明していきましょう。

まず、本当に儲かっている会社の場合です。

次の表は111ページでご紹介した順調に売上と利益が増えているE社のものです。

E社の「売上」と「経常利益」の推移

	売上	経常利益	現金・預金
2020年度	15億3000万円	1億8000万円	1億2000万円
2021年度	16億6000万円	2億1000万円	1億4000万円
2022年度	19億6000万円	2億6000万円	1億5000万円

売上、利益と同様に「現金・預金」も増えています。が、「現金・預金」は売上や利益ほど増加は大きくありません。

これはどういうことかというと、この企業にとっては「現金・預金」を残してもあまり意味がないので、儲かって「現金・預金」が増えたならば、それをほかの投資に回していることを意味します。

大きな投資に回さなくても、儲かった年は会社の設備を整えたり、古くなったものを新調したりするものです。だから、「現金・預金」は利益の伸びに比べれば鈍い伸びになることが多いのです。これがだいたい「儲かった企業の普通の状態」といえるでしょう。

だから売上や利益に比べて「現金・預金」の伸びが悪くても、「怪しい」と思う必要はありません。「現金・預金」はそれほど大きく増えなくても、着実に増えている、もしくは現状維持していれば、それほど問題はないのです。

売上も利益も横ばいなのに現金が減っている会社は要注意

「売上」「利益」「現金・預金」の数年分の推移を見るとき、一番、ヤバイ決算書というのは、「売上と利益は横ばいなのに現金・預金が急激に減っている」というものです。

そういう決算書は、売上や利益を粉飾している可能性があるからです。

売上や利益は、比較的簡単に粉飾できるけれど、現金や預金というのは、そう簡単に粉飾できるものではありません。

だから、「売上や利益はうまく誤魔化しているけれど、『現金・預金』で隠したシッポが見えている」という状態になっている可能性があるのです。

粉飾している企業、業績が急に悪化している企業は、「現金・預金」の残高が急に減少していることが多いのです。業績が悪化すれば、それだけ金が会社から出ていくので、現金や預金に如実に表れるのです。

カネボウが、そのいい例です。

先にも延べましたが、カネボウは1887（明治20）年創業の、言わずと知れた日本を代表する紡績会社でした。戦前、紡績業は日本の主力産業であり、日本産業の中心的な企業でもありました。

カネボウは紡績業だけではなく、化粧品や食品、レジャー産業など広く事業展開をし、テレビCMなどもよく行っていました。30代以上ならば誰でも知っている企業名ではないでしょうか？　ちなみに現在も化粧品については、カネボウの名称が残されています。

このカネボウは、2001（平成13）年に粉飾決算が発覚し、2003（平成15）年に解散してしまいます。

左の表を見てください。

カネボウの「売上」「利益」「現金・預金」の推移　単位100万円

	売上	営業利益	現金・預金
2000年3月	228129	11770	12867
2001年3月	228838	19185	7387
2002年3月	237515	20509	3626
2003年3月	233216	21984	1234

カネボウは、会社が破たんする直近の3年間、売上も利益も良好な数値でした。

しかし、現金や預金が急激に減っています。２０００（平成12）年3月期には、１２８億円以上あった現金預金残高が、２０００（平成15）年3月には10分の1以下の12億円程度になっています。

つまり、売上や利益については、粉飾決算をしていたので良好に見せかけることができていたわけですが、現金・預金の減少については隠しようがなく、ここに企業業績悪化の兆候が明確に表れていたのです。

このように、「売上」「利益」だけではわからないような企業の経営実態が、「現金・預金」を絡めることで浮かび上がってくることが多々あるのです。

ちなみに、カネボウの粉飾決算を事前に察知した会計の専門家はほとんどいませんでした。というより、ほとんどの粉飾決算事件において、事前に把握している会計専門家はいないのです。様々な難しい分析比率を用いても「企業の本質」はなかなか見抜くことができないのです。

それよりも、「現金・預金」という簡単な勘定科目をしっかり追っていくほうが、よほど重要なことなのです。

企業の決算書を見る方法

決算書の読み方が理解できたところで、実際の決算書を見てみたいですよね？

上場企業は、決算書の開示を義務づけられています。

そして上場企業の決算書は、雑誌などで取り上げられていることも多く、中でも『会社四季報』（東洋経済新報社）が有名です。が、この『会社四季報』は、決算書を抜粋して記載しているので、これだけを見てもあまり役に立ちません。

昨今ではほとんどの上場企業は、自社のホームページで決算書を開示していますし、株主総会のときに株主に配布した決算資料なども開示している企業が多いのです。だから、上場企業の場合は、その会社のホームページで見るのが一番手っ取り早いと言えます。上場企業じゃなくても、決算書をホームページで開示している企業はけっこうあります。

また普通の人が決算書を見る際に、非常に役に立つサイトに「ＥＤＩＮＥＴ」というものがあります。

ＥＤＩＮＥＴは、金融庁が作っているサイトで、上場企業の決算書5年分がすべて無料で24時間３６５日いつでも見られるようになっています。しかも、決算書だけではなく、事業概況など、有価証券報告書に記載された内容も見ることができます。

ＥＤＩＮＥＴの操作は簡単です。

ＥＤＩＮＥＴにアクセスし、調べたい企業名で検索すればいいだけです。

ＥＤＩＮＥＴのＵＲＬ

https://disclosure2.edinet-fsa.go.jp/

第五章
税務署はどうやって脱税を見つけるのか？

脱税のほとんどは「駆け込み型」

これまで、粉飾決算を中心に、税務署が決算書の本質を見抜く方法をご紹介してきました。

が、税務署の本来の仕事は、脱税を見抜くことです。

税務署がどうやって脱税を見抜くかというのは、経営者や企業内部の人にとっても、投資家や一般の人にとっても、興味のあることかと思います。

なので、この章では、税務署の脱税の見抜き方について詳しくご紹介したいと思います。

ところで世間では脱税というと、悪知恵の働く者が高度な会計知識を駆使して行う犯罪、と思われている節があります。

しかし実際の脱税は、そのようなカッコいいものではありません。

脱税のほとんどは単なる「駆け込み型」なのです。

駆け込み型とは、決算期になって決算書を作ったときに、「思ったよりもたくさん利益が出ていた」「このままでは多額の税金がかかってしまう」という心理から、無理やり税金を少なくしてしまう脱税です。

そして、もっとも多い手法は、期末の売上の一部を先送りにしてしまう方法です。

たとえば、建設業者のＡ社という会社があったとします。

この会社は、２０２０年３月期の利益が通常の月よりも非常に多く、８０００万円も出てしまいました。この利益８０００万円に対して、約２５００万円もの税金がかかってしまいます。経営者は、何としても減額したいと思いました。

そのため、３月の売上のうち、４０００万円を翌月の売上に先送りにしました。この工作により、原価を差し引いた２０００万円の利益を削ることができたのです。

これが、オーソドックスな売上先送りの例です。

売上の先送りは、売上を隠しているわけではないので、税務署に対して「ついつい、うっかりしていました」という言い訳ができます。

しかし、売上の先送りであっても、故意にやった場合は立派な脱税です。

もし記録の改ざんなどがあった場合や、額があまりにも大きすぎる場合は、重加算税が課せられることもあります。重加算税というのは、罰金的な意味合いで課せられる税金のことで、金額は追徴税額の35％です（無申告の場合は40％）。

ちなみに税務署のほうも、企業が期末の売上を先送りしがちなのは重々承知です。税務調査の否認実績の半分以上が売上先送りというほど、税務署は企業が「売上を先送りしていないか」をしっかり見張っています。だから、この駆け込み型の脱税は発覚する確率が非常に高いのです。

「脱税」と「節税」はまったく違う

「脱税は節税の延長線上にある」

などと言う人が時々います。これは、元国税調査官から言わせてもらえば、確実にウソです。

脱税も節税も、税金を安くしたいという意思から生じたものであることは間違いありません。しかし脱税と節税の間には、明確なラインが引かれています。

そのラインを簡単に言えば、「法を守っているか守っていないか」です。

脱税というのは、違法に税金を逃れた場合のことです。だから、言ってみれば「誰でもできる」のです。売上を少なく計上したり、経費を水増ししたりすれば誰でも脱税はできます。

しかし、節税はそうはいきません。節税のための知識を持っていなくてはならないし、それなりの準備も必要となってきます。つまり節税は、手間をかけなければできないのです。

脱税というのは、高度な知識を持った頭脳犯罪のようなイメージがありますが、実際はまったく逆です。脱税者のほとんどは、決算が近づくまでまったく節税策を講じておらず、決算書を作ってみて税金の額に仰天し、慌てて脱税をしてしまいます。

だから、脱税者のほとんどは無精者か慌て者なのです。

節税のうまい企業というのは、そんなことは絶対にありません。日ごろから税金について研究し、少しでも税金が安くなるような策を講じているのです。

だから「節税のうまい企業」と「脱税する企業」とでは、正反対と言えるほどの違いがあるのです。

節税のうまい人というのは、国税調査官が舌を巻くほど税金に詳しいことが多々あります。

企業の決算書でも、「節税のうまい決算書」と「脱税の決算書」ではまったく違います。「節税のうまい決算書」は租税特別措置法などを非常によく研究していて、自分の講じられる節税策はすべて講じてあります。

一方、脱税の決算書は、節税策らしきものはあまり講じられていないケースがほとんどです。

だから国税調査官は、決算書の中で節税策が多く講じられているかどうかで、その企業が脱税しているかどうかを判断することもあるほどです。

「脱税」と「課税漏れ」も違う

前項では、脱税と節税の違いをご紹介しましたが、税務用語ではほかにも区分を間違えがちなものがあります。

税金関係のニュースなどでは、「脱税」や「課税漏れ」という言葉を耳にしますが、この2つの言葉の意味がどう違うのか、一般の方はあまり知らないと思われます。

しかし、「脱税」と「課税漏れ」では、税務会計的にかなり大きな違いがあります。

ここで、その違いについて説明しておきましょう。

まず「課税漏れ」について。課税漏れというのは、納税者の申告した税金が少なすぎる場合のことを言います。

さらに、「課税漏れ」には、2つの種類があります。

それは「不正」と「不正ではないもの」です。「不正」というのは、売上をわざと隠したり、ありもしない経費をでっちあげたりなどの悪質な工作を行う場合のことです。「不正ではないもの」というのは、悪質な工作などは行っておらず、単なるうっかりミスや税法の解釈の誤りのことです。

不正か不正でないかは、その後の課税処分にも違いが出てきます。もし不正でないならば、過少申告加算税だけが課せられます。これは納税の不足額の10%です。

しかし不正であった場合は、重加算税が課せられます。これは納税の不足額の35%です。

そして、この「不正」の金額が大きければ、「税法違反」で起訴されるのです。不正で逃れた税金が、だいたい1億円以上であれば起訴されるとされています。ただ手口が悪質な場合は、それより少ない額でも起訴されることもあり、悪質度が低い場合は、それより高くても起訴されないこともあります。

この「税法違反で起訴される事案」を、犯罪用語で「脱税」と呼んでいます。

だから税金の課税漏れのニュースなどでは、「重加算税」という言葉が入れば、「この企業は不正を行ったんだな」ということがわかります。そして「脱税」という言葉が入れば、その企業は不正の額が非常に大きかったんだな、とわかるはずです。

税金の課税漏れのニュースでは、企業側は「国税当局と見解の相違があった」などと弁明することが多いのですが、もしそのニュースの中で「重加算税が課せられた」という文言があれば、その企業は何か不正をしていたと読み取れるわけです。

期末の経理処理は要注意

では次に、税務署の調査官が、決算書や帳簿のどこを見るのか、どうやって調べるのかの具体的な方法をご紹介していきたいと思います。

調査官が決算書や帳簿類の中で、もっとも厳重にチェックするのは、期末の経理処理についてです。

というのも、期末の経理処理の誤りは非常に多く、税務調査で見つかる追徴課税の大半は期末の税務処理に関するものだからです。

具体的に言えば、「本当は今期の売上に該当するはずなのに、翌期の売上に計上されている」、または「本当は翌期の経費に該当するはずなのに、今期の経費に計上されている」などです。

たとえば、3月末決算の企業の場合、4月の頭の請求書を徹底的に調べ上げられます。「この4月4日に発行している請求書ですが、品物はいつ納品していますか」などと調査官は聞いてきます。そして、納品書などで確認し、3月末までに納品していれば、「それは3月末の売上に計上してください」となるのです。

だから経営者の方は、期末の経理処理を、特に厳重にチェックしておきたいものです。もし高額の売上計上漏れが1個でも見つかれば、かなり高い税金を払う羽目になります。

こういう誤りのことを税務用語で「期ずれ」と言います。経理処理の「期間がずれている」ということです。

この「期ずれ」は、一時的に利益が軽減されますが、翌期の利益に加算されるので、トータルで見れば税金は安くなりません。だから以前は、税務署もそれほど目くじらを立てることはありませんでした。

しかし、昨今は税収不足のためか、「期ずれ」でも徹底的に指摘するようになりました。また「期ずれ」は簡単に追徴税が取れることから、調査官は、実績をあげるために頻繁に指摘するようになっています。

もちろん、こういう傾向は納税者に歓迎されるはずはありません。「そんな重箱の隅つつきをするのではなく、もっと明確な不正工作などをきちんと取り締まり、小さい経理誤りなどは大目に見るべきではないか」と言って抗議をする納税者団体などもあります。

調査官が大好きな「交際費」

接待交際費という科目は、税務調査で非常に問題になりやすいものです。

というのも、接待交際費には、社長などの個人的な支出が含まれているケースが多いからです。

それを目当てにして、調査官は追徴税を稼ぎに来るのです。だから、決算書を見て、交際費が多い企業を、優先的に税務調査先に選定する調査官もいます。

特にゴルフ代などは、その最たるものです。

ゴルフ代というのは、接待交際費に計上するには微妙なケースが多いのです。ゴルフは遊びの要素が強いからです。

たとえば、その企業の社長自身がゴルフ好きだったような場合、ゴルフ代は限りなく趣味の費用と言えます。でも、仕事に関係ないかといえば、そうとも言えません。

もし趣味でやったとしても、取引先の人と一緒にゴルフをやることが仕事につながらないとは限りません。また単なる友人とゴルフをしたとしても、その友人が思わぬ仕事上のメリットをもたらしてくれることもあります。

だから、遊びのゴルフだからといって、交際費に入れられないということはないのです。

調査官に、ゴルフ代のことを追及されれば、「これは仕事に関係がある」と頑強に抵抗すべきでしょう。ゴルフ代は、納税者が接待交際費だと強硬に主張すれば、それを覆す（くつがえ）のはなかなか難しいことなのです。

もちろん、限度はあります。

年収500万円の社長がゴルフ代で数百万円も使っていれば、それは社会通念上おかしい、ということになってしまいます。

税金には、グレーゾーンが多いと何度か述べてきましたが、グレーゾーンの正否を判定する上で、「社会通念上」が重要な要素になります。世間の常識に照らし合わせた上でどうか、ということです。もし、社会通念上に照らし合わせてクロならば、課税されてもしょうがない（裁判でも負ける）のです。

だから接待交際費になるかどうかというのは、この「社会通念上」であることを念頭に置いておくようにしましょう。社会通念上、妥当と言えるものならば、調査官が何と言おうと、受け付けなくていいのです。

隠れ交際費とは

調査官は、交際費自体を好んでチェックしますが、隠れ交際費を探すことも大好きです。

隠れ交際費というのは、本来は交際費に該当するものなのに、交際費として計上せずに、他の勘定科目で処理しているものです。

大企業では、接待交際費の半額しか損金計上が認められていません。また中小企業でも、交際費は800万円の限度額が定められており、それ以上かかった場合は、大企業と同様に半額しか損金計上が認められていません。

そのため、本当は交際費に該当する経費なのに、他の勘定科目を使っているというケースが非常に多いのです。それを見つければ、即座に追徴課税となるので、調査官はこれを血眼（ちまなこ）になって探すのです。

たとえば土地取得を必要とする企業の「地元対策費」、一部の社員に対する飲食、宴会費は交際費であり、取引先へのリベートも交際費となる場合があります。談合にかかった機密費なども交際費とされます。

また「隠れ交際費」は、わざと交際費にしない場合もありますが、勘違いして交際費にしていない場合もあります。交際費に入れ間違うことがないように、勘違いしやすいケースをご紹介しましょう。

交際費だと勘違いしやすいものは、以下のとおりです。

取引先にカレンダー、手帳、タオルなどを配る……宣伝広告費
取引先を宴席、旅行などに招待する……接待交際費
忘年会など社員の一定以上が参加する宴会飲食費用……福利厚生費
社員の一部のみが参加する宴会飲食費用……接待交際費
商店街など私的団体に対する寄付……接待交際費
公共団体などに対する寄付……寄付金

中小企業は経営者の私的費用がないかをチェックされる

中小企業の税務調査では、会社の経費の中に社長の個人的支出が含まれていないか、重点的に見ます。

中小企業のほとんどは、社長がオーナーでもあり、会社の金を自由に使える立場にあります。そういう場合、得てして、自分のものを会社のお金で買ってしまうことがあります。

だから調査官は、好んで「社長の個人的な使い込みがないか」をチェックします。

私も、調査官時代はそうでした。

たとえば建設業のT社に税務調査に行ったときのことです。

T社の経費を調べていると、テレビとビデオの領収書が備品費として計上されていました。

私はさっそく、この領収書のことを社長に聞きました。

「このテレビとビデオは、なんのために購入されたんですか？」

社長は「仕事の研究のためです」と答えました。

「では、テレビとビデオはどこに置いてありますか？」

と私が聞くと、社長は言葉に詰まりました。よくよく聞いてみると、テレビとビデオは社長の自宅に置いてあるようです。社長は、この領収書が私的な経費であることを認めました。

会社の経費か、個人的な支出か、というのは、実は非常に判断が難しいものです。

会社の業務に必要なものならば当然、経費として計上できます。その範囲はけっこう広く、一般的に見れば個人的なものであっても、認められることもあります。

たとえば、通勤途中に駅で週刊誌を買ったとしても、それが仕事に関係するものならば会社の経費で落とすことができます。旅行をしたときでも、それが会社の業務に関係する視察であれば、会社の経費で落とすことができます。

要は税務署に対して「会社の業務です」と言えるものかどうかです。

T社の例においても、テレビとビデオが社長の自宅にあったからといって、それだけで否認されるものではありません。もし本当に、そのテレビとビデオが会社の事業のために使われているのならば、たとえ社長の自宅に置いてあったとしても、経費に計上できます。テレビをパソコンに置き換えれば、わかりやすいはずです。会社のパソコンは、社員が自宅に持ち帰ることもあります。しかし、だからといって、それを経費として認めない、ということはないはずです。

T社では、おそらく、テレビとビデオは会社の業務に一切使っていなかったのでしょう。だから社長は、すぐに個人的な経費であることを認めたのでしょう。もし社長の保管している録画の中に、事業に関する番組などがあれば、否認されなかった可能性が高いのです。

外注費も要注意

外注費も、調査官が重点的にチェックする項目です。

外注費は脱税に使われやすいからです。

他の経費と違って、外注費の場合、内容が詳細でないことも多いのです。外注内容は「○○現場の仕事」というように大まかな内容で良いとされており、それを逆手に取って、架空の外注費をつくる脱税者が多いのです。

だから調査官は、外注費に怪しいものがないか血眼になって探します。

外注費がある企業は、その点をしっかり念頭に置いておきましょう。

仕事内容などが大雑把に記載されているもの、見積書や請求書がなく、ペラペラの領収書だけしかないもの、などは要注意です。調査官に怪しまれないように、仕事の内容などは、あらかじめ確認し、調査官にすぐに返答できるようにしておいたほうがいいでしょう。でないと、痛くない腹を探られる羽目になりかねません。

そして、外注費のうち、いくつかは反面調査が行われると思っていいでしょう。反面調査というのは、調査対象者の取引先を調査し、取引が正しく計上されているかチェックするものです。これを大々的にやられると、企業の信用はガタ落ちです。しかし、この反面調査は、税務調査においては必要だとして、最低限の使用は判例でも認められています。

なので、反面調査をされて信用失墜にならないように、大事な取引先には、あらかじめ「今、税務調査を受けているので、もしかしたら税務署から照会などがあって、ご迷惑をかけるかもしれません」ということを言っておいたほうがいいでしょう。取引先も、急に税務署が訪ねて来るとびっくりして、「あの会社は何か悪いことをしたんじゃないか」と疑われかねませんが、あらかじめ知っていれば「通常の税務調査だろう」ということになりますので。

棚卸もチェックされやすい

税務調査では、棚卸（在庫）のチェックもよくされます。在庫を少なく計上する「棚卸除外」という脱税が非常に多いからです。

棚卸除外は、在庫表を書き換えるだけで済むので、脱税者から見れば簡単にできる脱税法です。

だから調査官は、棚卸を厳重にチェックします。棚卸というのは、業界外の人にとってはなかなかわかりにくい面もありますが、調査官はその点、しっかり研究して、誤魔化しなどが利かないようにしています。

納税者としては、棚卸表はわかりやすく作っておいたほうがいいのです。棚卸表に書き直しの跡などがあったら、必ず調査官に追及されます。

人件費はこう見る

人件費も、調査官が非常に重視します。

これも、脱税に使われやすい勘定科目だからです。

最近は少なくなりましたが、以前は、架空の人物が勤務しているように見せかけて、人件費を水増ししたり、実際よりも多く給料を払っているように偽装したりして脱税しているケースが多かったのです。給料受け取りの印鑑を会社で用意しておいて、適当に受領書を作っているようなケースも多々ありました。

昨今では、ほとんどの企業で社会保険などが完備されているので、「架空の人物」を作り上げることは難しく、このような露骨な架空人件費はありません。

でもアルバイトの給料を水増ししたり、架空のアルバイト代を計上したりするという脱税はまだまだ多いので、調査官としても厳重にチェックするのです。

人件費は、タイムカード、出勤簿、給与台帳などの帳簿類と、業務日誌といった現場の記録との照合などでチェックされます。

ただし調査官は、漫然と帳票類を照合するだけではありません。不審な点がないかどうかも絶えずチェックしています。

たとえば、タイムカードを見て、入社時間、退社時間が毎日ほとんど同じカードが何枚かあったとすると、それは、誰かが一度に何枚かのタイムカードを押しているのではないか、と疑ったりするのです。

また不審な人件費があれば、市役所に問い合わせて、その人件費が実在する人物に払われたものなのか、ということを調べます。市役所と税務署は、課税情報を共有しているので、住民税や社会保険料の情報はすぐに教えてくれるのです。もし実在しない人物がいれば、すぐに発覚することになります。

また、他の社員に聞き取りをすることもあります。帳簿上の社員の数と、実際の社員の数は合っているかどうか、帳簿上の給料支払いの金額と、実際の支払い金額に開きがないか、などを確認するのです。

外国人労働者を雇っている企業は要注意

外国人労働者を雇っている企業は、注意を要します。

というのも、外国人労働者を雇っているふりをして、人件費を水増しし、脱税するというケースが多かったので、調査官は外国人労働者の人件費については、詳細にチェックするのです。

なので、外国人労働者については、調査官から誤解を招かないように、給料の支払いを振込にしたり、身元確認の書類を保管したりするなどの準備をしておきたいものです。

ただし、それはできる限りで構いません。

調査官に誤解されないように準備するのは、調査を早く終わらせるためであり、納税者の義務ではないのです。

もし、本当に外国人労働者を雇って給料を払っていたのだけれど、今はその外国人が所在不明になっていて、雇用していた実態があったかどうか確認が取れない、というような場合、それを確認するのは調査官の仕事です。納税者のほうが、潔白を証明しなければならないという義務はなく、できるだけのことをしていれば十分なのです。

家族を社員にしている会社も要注意

家族を社員にしている会社も、注意を要します。

中小企業の場合、経営者の家族を社員にしているケースが多いのですが、ほとんど仕事をしていないのに給料を払っていたり、その仕事に比べてあまりに多額の給料を払っていたりするケースも多いのです。これは、調査官としては、否認したくなる事項です。だから、家族への給料というのは厳しくチェックされます。

家族従業員がちゃんと出勤しているのか、実際にどんな仕事をしているのか、またはしていないのか、ということを出勤簿、業務日誌などから調べたり、他の社員に聞き取ったりします。

２００６（平成18）年度の税制改正では、経営者の家族に対する給料が厳しく制限されるようになりました。簡単に言えば、原則として、第三者を雇ったときと比べて、仕事の割に給料が高いような場合は否認されることになったのです。

これにより、中小企業の経営者やその家族の給料を否認しやすくなりました。

だから、家族を社員にしている場合は、ちゃんと出勤していること、どんな仕事をしているか、などが明確にわかる資料を準備しておいたほうがいいでしょう。しかし、これも税務調査をスムーズにするためであって、納税者の義務ではありません。

架空人件費の見つけ方

脱税の手口として、架空人件費があります。

読んで字のごとく、本当はいない人員をいるように見せかけ、給料を払ったことにして、経費を膨らませるわけです。

この架空人件費や、水増し人件費の脱税は昔からかなりあります。

しかし人件費の脱税は、非常に見つかりやすいものです。人件費は、税務署から見れば真偽が確認しやすいものだからです。

昔のように、社会保険などが整備されていない事業者が多かった頃、住所もよくわからない従業員が多かった頃は、この方法で脱税が成功することもありましたが、現在では、この方法で脱税することは不可能です。

税務調査で、人件費が不審だなあと思えば、その従業員の氏名を抜き出して市役所に問い合わせればいいのです。

たとえば次のような手順です。私が調査をしたT建設の話です。

T建設では架空の人件費を計上して、脱税していました。建設業というのは、裏金が必要なこともあります。そこで、裏金捻出を兼ねて、実際にはいない人に給料を払っていたことにして、税金を誤魔化していたのです。

T建設では、架空の人件費を給与台帳に載せていましたし、架空の人を載せた職員名簿も用意していました。また、タイムカードも架空の人の分まで作り、税務署が来てもバレないようにしていました。

人件費を中心に調査をしようと思っていた私は、まず「タイムカードと給与台帳、職員名簿を見せてください」と経営者に言いました。そしてそれらを照合してみました。

このとき、ある不審点に気づきました。タイムカードの押されている時間がほとんど一緒のものが、4名分あったのです。そして、その4枚のタイムカードだけが、他のタイムカードよりも、新しく見えました。

私は、この4人が架空人件費ではないかと疑い、税務署に戻って市役所に問い合わせました。架空人件費の場合、すぐにわかります。その人が実際に存在するならば、住民税を払っているはずだからです。税務署と市町村の税務課というのは協力関係にあるので、電話一本で、問い合わせに答えてくれます。

「そういう人が、住民税を払っている事実はありません」

市の税務課の職員は、私の狙いどおりの回答をしてくれました。これでほぼ、架空人件費だということが判明しました。

翌日、このことを経営者に追及すると、経営者は架空人件費の脱税を認めました。

こんな具合に、架空人件費はけっこう簡単に露見するのです。

ただし自分の知り合いなどと結託して、非常勤役員などに名義を借り、源泉徴収などをきちんとやっていれば、見破られにくいケースも出てきます。

たとえば、自分の知り合いに、若干の礼を払うから役員として名義だけを貸してくれ、と言っておいて、その人の名義に役員報酬の支払いをし、社会保険も加入し、市民税も源泉徴収して納付しておくのです。

税務署が調べても、架空ではないし、その人に問い合わせても口裏を合わせてあるので、脱税は発覚しにくいことになります。けれど、その人に払う謝礼や、社会保険料、源泉徴収税を考えれば、あまり割のいいことだとは思えません。

また社会保険加入の義務もないアルバイトなどの従業員が多い業種、人の入れ替わりが激しい工事現場などでは、アルバイトの人員を適当に水増しして申告するのは、発覚しにくいこともあります。

しかし、これらは限られた業種でしか使えない脱税方法だと言えるでしょう。

福利厚生費も気をつけよう

調査官は、福利厚生費も好んでチェックします。

中小企業は、社長が会社の経費を私的に使っていることが多いと前述しましたが、福利厚生費の名目でも、社長の個人的な支出がありがちなのです。

福利厚生費というのは、会社が社員の健康や娯楽のために支出をした場合、経費計上できるというものです。スポーツ観戦、コンサートなどのチケット代金、スポーツジムの利用料などが経費計上できます。

この福利厚生費で気をつけなくてはならないのは、会社で福利厚生費として支出する場合は、一部の社員だけしか恩恵を受けられないものはダメということです。

たとえば、スポーツジムの利用料を福利厚生費として計上する際、社長やその家族しか利用しておらず、他の社員は利用できないようになっているケースは不可だということです。

福利厚生費が認められるかどうかのポイントは、次の2点です。

①社長の家族以外の従業員も使える（使っている）かどうか
②世間一般の常識に照らし合わせて、福利厚生の範疇（はんちゅう）であるかどうか

社長の家族以外の従業員も使える（使っている）かどうかというのは、従業員も使えるように規則上はなっていても、実際にはまったく利用していないような場合はまずいと言えます。「事実上、社員は使えない」ということになるからです。

福利厚生については、就業規則などにきちんと記載して、それを従業員にも配布しておいたほうがいいでしょう。そこまでしておけば、福利厚生において従業員はみな平等に扱われている、ということになります。

世間一般の常識に照らし合わせて、福利厚生の範疇であるかどうかというのは、難しい

点でもあります。福利厚生などというのは、社会が豊かになれば、より進化してくるものですので、大企業や公務員が行っている福利厚生などを参考にし、その範疇であれば問題はないと言えます。

ニセの領収書はこうして見破る

昨今では、パソコンなどの機能で、精巧なコピーができるようになっています。ですので、精巧なニセ領収書を作れば脱税ができるのではないか、と考えている人も多いかと思われます。

しかし、税務署から見れば、領収書は精巧だろうとそうでなかろうと、あまり関係ありません。

偽りの領収書を作り、それを使って脱税するというのは、実は昔からあったのです。それどころかニセの領収書を売買している闇の業者も存在してきました。ニセの領収書は「B勘定」、ニセの領収書販売業者は、税務署の中では「B勘屋」と呼ばれています。そんな隠語が使われるほど、ニセの領収書というのは、脱税によく使われていたのです。

それらの手の込んだ脱税者たちを摘発してきた税務署の調査官たちは、当然、パソコンで精巧に作った領収書だからといって、そうやすやすと騙されるものではありません。

調査官は、領収書そのものよりも、領収書の背景を見ます。不自然な経費や通常は取引のない業者との突発的な取引など、「この経費はおかしい」という勘が働くのです。領収書の作りが立派だから本物で、チャチだからニセモノというような単純な判断はしません。

もちろん、作りの悪い、いかにもニセの領収書というものがあれば、それも見逃すわけがありません。

調査官たちが、ニセの領収書をどうやって見破るのか、その方法は様々なのですが、たとえば、次のような手法があります。

私の同僚が、U建設の税務調査をしたときのことです。

U建設は、外注費や経費を架空に作って、脱税していました。請求書や見積書、領収書を一揃え作って、税務署が調査に来ても不審に思われないようにしていたのです。

私の同僚の調査官は、当時は調査担当でしたが、前年までは内部事務をしていました。内部事務というのは、会社から提出された申告書をチェックしたり、資料情報を整理したりする仕事です。

同僚は、外注費や経費に、不審な点があるのを見つけました。

見慣れない会社の領収書がたくさんあったのです。同僚は、内部事務を長年していたため、税務署管内の会社の名前は、だいたい見覚えがあります。だから、管内にない会社名の領収書があれば、「おや?」と思うのです。住所は管内なのに、見覚えがない会社……それは架空ではないか、となるわけです。

しかも、その領収書群の支払いはすべて現金でした。同僚は、さっそく社長に問いただしました。

社長は開き直って、こう答えました。

「何もおかしいものではありませんよ。ちゃんと請求書も領収書もあるでしょう?」

同僚は、社長に聞いても埒が明かないので、税務署に戻り、その不審な領収書の宛先を調べました。するとやはり、その領収書に記載された会社や事業者は存在しません。念のため、領収書に記載された連絡先に連絡してみました。もちろん、繋がりませんでした。

翌日同僚は、この事実をもって、強く社長に問いただしました。社長も、それ以上は抗弁できず、とうとう脱税を認めました。

こういう具合に、ニセの領収書は簡単にバレたりするものなのです。

全国の取引を監視する国税の情報網

「領収書を切る取引は隠せない」

税務の世界では、よくこんなことが言われます。

しかし、なぜ領収書を切った取引は隠せないのか、不思議ではありませんか？

領収書は税務署に提出するわけではありません。なのに、なぜ領収書を切った売上は隠せないのか？

その答えは、税務署の情報網にあります。

調査官たちは税務調査で、調査先の課税漏れを探すとともに、情報収集にもいそしんでいます。具体的に言えば、調査先の持っている領収書を片っ端からコピーしまくっているのです。その領収書は資料化され、各地の税務署に流されます。だから、あなたが切った領収書のコピーが、どこかで税務署の手に渡っているかもしれないのです。

また税務署の情報網は、全国的に繋がっています。日本全国の調査官が集めた情報は、一旦、国税庁で集計され、整理されてから全国の税務署に流されます。

だから、遠隔地の取引だから地元の税務署にはバレないだろう、と思ったら大間違いです。「隠した取引が発見される割合」というのは、遠隔地でも近隣地でもほとんど変わりません。

たとえば、次のような構図となります。

仮に、機械製造業を営んでいるK社という企業があったとします。K社では、通常は地元の東京での取引がほとんどでしたが、あるとき北海道のB社から注文が入りました。

K社では、北海道に売ったものは、税務署にはわからないだろうと思い、その売上を抜いていました。

しばらくして、北海道のB社に税務調査が入りました。そのとき、北海道の税務署は、B社がK社から機械を購入したという情報を掴みました。その情報は、すぐに東京の税務署に送られました。

東京の税務署では、K社の税務調査の際、当然、その情報を持っていきます。K社の調査に行った調査官は、Ｂ社に対する売上が計上されていないことに、すぐに気づきます。
こうしてＫ社の売上除外は、あっけなく発覚してしまったのです。

儲かっている業界は狙い撃ちにされる

税務署の仕事をしていると、「人間というものはけっこう単純な生き物である」ということがわかります。

好況な業種では、間違いなく脱税が多いのです。

「儲かっている業種の人が、脱税をしている」

なんとわかりやすい図式でしょう。でも、それが現実なのです。これはデータ的に、明確に言えることなのです。

もちろん好況な業種は、重点的に調査されます。

国税調査官は、常日頃から、どういう業種、どういう業界が好況なのか、目を光らせています。そして好況な業界を指名して、重点的に調査をするように、国税庁から、各国税局、税務署に指示が出されるのです。

台風の多い年であれば住宅修理関係の事業者、ゲーム機がブームになればゲーム関係業者、などという具合です。

たとえば、こういう構図です。

健康茶などの健康食品を販売しているH社という会社があったとします。ある年、テレビで健康茶が紹介され、大ブームが起きました。H社では、国民体育大会関係の受注に成功していました。そのためH社はかつてないほどの活況となり、売上は例年の3倍もありました。

H社では、健康茶ブームで得た利益を少しでも残そうと、売上を抜いたり、架空の経費をガンガン計上したり、かなり無茶な経理処理をしていました。

H社には今まで慣例どおり5年に一度くらいしか税務調査は入っておらず、次の税務調査にはまだかなり間があるはずだったのです。

しかし健康茶ブームの翌年、突然、税務調査が入りました。H社では税務調査はまだ来ないと思っていたので、ほとんど無防備状態でした。

H社はその税務調査で、健康茶ブームで得た利益を、根こそぎ追徴税として持っていかれてしまいました。

このように好況な業種の企業は調査官に狙い撃ちされやすいのです。

第六章
決算書は"背景"を知ることが大事

コンピュータでは「決算書のウソ」は見抜けない

第四章でも少し触れましたが、税務署には、決算書のウソを見抜くソフトがあります。コンピュータに企業の「売上」「仕入」「人件費」「外注費」などの勘定科目の数値を打ち込むと、平均値との比較などを自動的に行い、異常値が出た場合には反応するというものです。

「売上除外の脱税が見込まれる」
「架空人件費の脱税が見込まれる」
といった検査結果が出るのです。

しかしこのコンピュータは、実際にはあまり役には立ちませんでした。コンピュータの予想は、ほとんど当たった試しがなかったのです。

たとえば、「売上除外が見込まれる」という結果が出たので、売上を一生懸命調査してみても、まったく不審な点は見つかりません。「架空人件費が見込まれる」という結果が出れば人件費を調査してみますが、これもまったく異常はないのです。

だから調査官たちの間では、「やっぱりコンピュータでは、脱税は見抜けない」と言い合っていました。

筆者が税務署に在籍していたのは10年以上前なので、コンピュータやソフトが古いということもあったかもしれませんが、筆者の感覚では、コンピュータが決算書のウソを見抜けるような雰囲気はまったくありませんでした。

これは、「決算書とは何なのか」ということを如実に表している事柄でもあります。

決算書に騙されてしまうパターンとして、「決算書の数字だけを読み解こうとする」ことがあります。何度か触れましたが、決算書の数字というのは、企業に都合のいいように辻褄を合わせてある場合もありますし、企業の特殊事情が絡み合っている場合もあります。だから、数字だけを見て、決算書を判断することは難しいのです。決算書の表面上の数字だけで、その企業の業績を判断することは、木を見て森を見ないのと同じなのです。

コンピュータの場合、決算書の数値だけで異常かどうかを判断しようとするので、ウソを見抜けないのです。前述したように、会社にはそれぞれ特有の事情があります。他社よりも人件費が少ないように見えても、その会社はフロント業務専門で、実際の作業は下請けにやらせるタイプだった、というようなケースが多々あるのです。だから、それぞれの会社の事情を考慮した上でなければ、決算書のウソを見抜くことはできないのです。

逆に言えば、決算書のウソを見抜くためには、会社の事情をより多く知らなければならないということです。ただ数字だけを眺めても、税務署のコンピュータのように、予想を外してばかりになります。

なのでこの章では、筆者が国税調査官として会得した「決算書の数字に騙されないためのコツ」「企業の本質を見抜くコツ」のようなものをご紹介したいと思います。

決算書の〝背景〟を見る

決算書を見る際に、まずもっとも重要視しなくてはならないのは、「企業の置かれた状況」です。

決算書をただ漠然と眺めても、その企業が今、業績がいいのか悪いのか、ということは見えてきません。

たとえば、楽天は、赤字の年が多い企業です。この楽天の決算書をただ漠然と眺めると、「楽天は景気が悪いんだなあ」と思うかもしれません。

しかし、楽天に、赤字の年が多いのには理由があります。楽天は、経営者周辺が多くの株を持っており、「同族企業のような体質」を持っています。同族企業の場合は、株主に配慮して無理に利益を上げる必要はありません。

だから不安材料を前倒しで計上したり、赤字覚悟でも思い切った投資をしたりもできるので、赤字の年が多いのです。

また上場を目指している企業や、上場したばかりの企業は、業績良好が続いていたとしても厳しい目を向けておかなければなりません。こういう企業は、いろいろな手段を使って業績に〝下駄をはかせ〟たり、まかり間違えば粉飾をしていたりするケースも多いからです。

こういう具合に、その企業の背景を知り、その企業の決算書がどういう傾向を持つものかを知らなければ、決算書を見ても意味はない、と言えるのです。

つまり、決算書はただ数字だけを追う平面的な見方ではなく、企業の背景などを加味して〝立体的〟に見なければ本質は掴めない、のです。

「株主構成」は非常に大事

企業の背景を知る際に、もっとも手っ取り早いのは「株主構成」を見ることです。意外に思われるかもしれませんが、国税調査官は真っ先に「株主構成」をチェックします。それくらい株主構成は大事なのです。企業というものは株主によって、その体質はまったく違ったものになるからです。

株主構成によっては、「脱税をしやすい会社」があれば「脱税をほとんどしない会社」もあります。また「粉飾をしやすい会社」もあれば、「粉飾をほとんどしない会社」もあるのです。

たとえば、創業者が大株主になっていて経営の実権を握っている企業と、大株主は銀行で、ほとんど銀行の支配下にある企業とでは、企業の性質も決算書の作り方も、まったく違ってきます。

創業者が経営の実権を握っている企業は、粉飾よりも脱税が多くなる傾向にあります。

なぜなら、こういう企業は、収益を上げて株価を上げる必要はあまりないからです。

経営者は株主の機嫌を取る必要はなく、無理に収益を出すよりも、健全な経営をしようとします。また下手に収益を出して、税金に取られるよりも、経営者の待遇を厚くするなど、経営者が自分に利する会計を行おうとするのです。

一方、銀行などの支配下にある企業では、オーナーである銀行の心象をよくするために、一生懸命に収益を上げようとします。経費を削減し、不採算部門を切り捨てたり、大掛かりなリストラをしたりもします。当然のことながら、脱税をするよりは、粉飾の方向への会計操作を行います。

これらは両極端な例ですが、株主構成によってこの他にも様々な企業の特色や違いが出てくるのです。

大株主にファンドが入っている企業、大きな企業グループの傘下に入っている企業、社員の持ち株会が大株主になっている企業など、それぞれがまったく違う方向の決算書になります。決算書を見るならそれを踏まえた上じゃないと、決算書の数字だけを追ってもまったく意味がありません。

上場企業の株主構成を調べるのは簡単です。上場企業の決算書を見られるサイト「ＥＤ

ＩＮＥＴ」には、「大株主の状況」というものもあります（ＥＤＩＮＥＴについては第四章で詳述）。これには株主の上位10位までの氏名または名称が記載されています。上場していない企業の場合は、企業の関係者ならばだいたい知っているはずです。なので、その企業の関係者から聞いてみましょう。

創業者が株を売った場合は要注意

前項では企業の決算書を見る場合、株主構成が非常に重要になると述べました。この株主構成は時とともに変わるものですが、大きな変更があった場合は、非常な注意を要します。

特に、創業者が自分の持ち株を大量に売ったようなときは、その企業で何か大きな変化があったことを意味します。

創業者が引退するので経営はほかに任せたい、という場合は、それほど問題ではありませんが、理由もないのに株を売り払ったのなら、経営に行き詰まりを感じて、第三者に株を売った可能性も考えられます。創業者が自社株を売るときは、経営的にあまり良くない場合が多いのです。

また大株主に新参者が入ってきたときも注意を要します。特にファンドなどが大量に株を買い、大株主に名を連ねてきた場合は、その企業で大きな変革があることが予想されます。一概には言えませんが、ファンドは経営の傾きかけた企業の株を安く買い取り、急激なリストラなどをして、株価を引き上げて売却する傾向にあります。

企業のリサーチ会社なども、実はもっとも注意深く見ているのは、株主の変動だったりするのです。だから企業の決算書を見る際には、くれぐれも株主構成の動きを見逃さないようにしたいものです。

なぜ税務署は「同族会社」を狙うのか？

株主構成が、企業の決算においていかに重大な関係があるのか、そのわかりやすい例を一つご紹介しましょう。

国税調査官は税務調査をする企業を選定するとき、まずは「どこかの大企業の子会社」や「銀行、商社などが大株主になって事実上支配しているような会社」を外します。というより、国税調査官は、基本的に同族会社しか税務調査先として選びません。

なぜかというと、非同族会社（同族会社じゃない会社）は脱税をしている可能性が非常に低いからです。

同族会社というのは、株の半数以上を一定内の同族で占める会社のことです。脱税というのは、そもそも会社の経営者が出来るだけ多くの資産を蓄(たくわ)えたいという動機で行うものです。そして脱税をする場合には、当然、収益を小さく見せかける必要があります。

この条件を踏まえ、脱税をしやすいのはどういう企業かというと、真っ先に挙げられるのは同族企業なのです。

また同族企業の場合、収益を出すと30％以上の税金を課せられてしまいますので、収益を出して配当金を受け取るよりは、経費などで会社からお金を引き出すほうが有利なわけです。だから、「脱税するのは同族企業」というのは、ごく当然の見方と言えます。

実際、脱税をして摘発される会社のほとんどは同族企業か、同族企業に準ずる企業なのです。

しかし、非同族企業の場合、脱税の動機というのがあまり見当たりません。たとえば、どこかの子会社の場合、子会社の経営者というのは、親会社から出向している社員に過ぎません。会社のオーナーでも何でもないのです。となれば、会社の資産を蓄えても、それが自分のものになるわけではないので、何のメリットもありません。また脱税のために収益を小さく計上しても、それは子会社の経営者にとっては失点以外の何物でもありません。

子会社の経営者は、収益の大きさで勤務評価がされるので、できるだけ収益を大きく見せようとします。脱税などはもってのほか、ということになるわけです。

だから、国税調査官が税務調査先を選ぶときには、まず同族企業となるのです。もちろん課税の公平という点があるので、非同族企業にも一応、税務調査をしなくてはなりませんが、調査官が進んで非同族企業に税務調査をすることはあまりありません。

ちなみに上場企業には、株式の過半数を一族が握っている同族会社というのはあり得ません。上場の条件として、同族会社は不可とされているからです。

しかし同族会社とまではいかずとも、創業者一族が株の大半を握っていて、経営権も握っているという上場企業はたくさんあります。そういう企業は、同族会社と似たような性質になる傾向があります。

朝日新聞は脱税の常習犯？

株主構成が決算書に大きな影響を与える、という事例として朝日新聞を挙げることができます。

あまり知られていませんが、朝日新聞は、実は脱税常習犯なのです。

朝日新聞は、過去何度も課税漏れで国税局からの指摘を受けています。その課税漏れが、不正と見なされたケースも多いのです。

たとえば、２００９年に明るみになった課税漏れは次のようなものです。朝日新聞は２００８年３月期までの５年間で、京都総局のカラ出張の架空経費など約５億円の申告漏れを指摘され、追徴税１億３９００万円を課せられています。このうち重加算税は２８００万円でした。

普通、不正な課税逃れが巨額に上った場合には、脱税として起訴されます（だいたい１

億円以上）。朝日新聞は、約1億円の追徴税を課せられているので、一歩間違えば起訴されていたところなのです。

そもそも朝日新聞は、新聞の販売部数の激減などの影響で経営は思わしくありません。にもかかわらず、脱税をしているとはどういうことなのでしょうか？

ここには、朝日新聞特有の事情があります。

実は現在、朝日新聞社の最大株主というのは、「社員持ち株会」なのです。社員持ち株会が、全株の26・36％を持っています。

朝日新聞というと、株主として創業者である村山家と上野家が有名であり、上野一族の持ち株を全部合わせれば20％程度になりますが、単独の株主では社員持ち株会が最大なのです。つまり極端に言えば、朝日新聞で一番発言力があるのは社員なのです。

しかも、朝日新聞というのは、組合が非常に強い職場でもあります。だから「社員を潤すこと」が優先される社風なのです。

朝日新聞の脱税を見てみると、「架空経費など現場の人間が行っている」ということが言えます。そして、隠した所得は、現場の人間が飲み食いで使ったようです。まるで役所の不正経理のような手口なのです。

普通、脱税というものは、経営者や役員が私的な蓄財のために行うものです。しかし、朝日新聞の場合は、経営者や役員の蓄財はほとんど関係なく、現場の人間の小遣い稼ぎとして脱税をしているのです。ここに、朝日新聞の「現場の社員が優先される体質」が見られるのです。

大企業と中小企業では決算書の傾向が違う

決算書のウソは、企業によって違ってくると前述しましたが、もちろん企業の規模によっても違ってきます。簡単に言えば、大企業のウソと中小企業のウソは正反対の場合が多いのです。

大企業のウソで圧倒的に多いのは、粉飾決算です。

大企業は、業績が悪いと株価に影響したり、銀行が融資を引き揚げたりなど、悪いことしか起こりません。また、経営陣は業績悪化の責任を取らされることもあります。そのため、大企業の決算書のほとんどは、〝上方粉飾〟されることが多いのです。

一方、中小企業の場合は、収益を少なく計上するウソが多いのです。

中小企業は、そのほとんどがオーナー兼社長です。オーナー兼社長の会社の場合、会社から役員報酬として十分な金銭を受け取っていることが多く、あえて利益を出す必要はないのです。というより、利益は出さないほうがいいのです。高率の法人税を課せられるからです。

また中小企業はほとんどが非上場なので、株価を上げる必要はありません。

つまり、オーナー兼社長の会社では、利益は大きいよりも小さいほうがメリットは大きいのです。だから、決算書は〝下方粉飾〟のほうに動くのです。

しかし、これもすべての大企業、中小企業に必ず言えることではありません。それぞれの企業の状況によって、逆になるケースもあります。

大企業であっても、非上場会社や、オーナー兼社長の会社などでは、利益を出すことにはあまりメリットがないので、〝下方粉飾〟に動くこともあります。また中小企業でも、銀行から借り入れの多い会社や、公共事業を受注している会社は〝上方粉飾〟をすることもあります。

このように一口に決算書のウソといっても、企業の性質によってその内容は大きく異なるのです。だから決算書を読み解く際には、そのことを念頭に置いておかなくてはならないのです。

会社の態様別・決算書のウソの傾向

企業の態様	決算書のウソの傾向
大企業（上場企業）	粉飾（過大利益）
大企業（非上場企業）	過少利益
大企業（オーナー兼社長）	過少利益
中小企業（オーナー兼社長）	過少利益
中小企業（銀行から多額の借入アリ）	粉飾（過大利益）
中小企業（公共事業受注業者）	粉飾（過大利益）

上場を目指している企業は要注意

「上場を目指している企業」の決算書というのも、非常に特徴があります。この手の決算書には、もっとも注意が必要です。

企業が粉飾決算を行う目的の一つは、「上場を果たすため」です。企業にとって、ある意味、創業して「最初の目的」とも言えるのが、上場企業になることでしょう。

しかし、そう簡単に上場企業になれるわけではありません。

上場企業となるためには、非常に高いハードルをクリアしなければならないのです。たとえば、東証プライム市場への上場では、最近2年間の利益が25億円以上、時価総額が1000億円以上となる見込みがあるなど、超一流企業であることが求められます。

しかし、それらをクリアすれば、企業は莫大な見返りを得ることができます。これまでの数十倍、数百倍もの資金調達を株式市場から行えますし、創業者は、持ち株を売却することで、莫大な資産も得られます。

そのため、企業はぜがひでも上場したいと思うのです。その際に、条件をクリアするために、粉飾を行うことが多いのです。

だから、上場を間近に控えている企業、上場の検討をしている企業などに対しては、よくよく厳しい目を注がなくてはなりません。

意外と悪質なビックカメラの粉飾決算

上場を目指している企業が粉飾をしやすいというわかりやすい例が、ビックカメラの粉飾事件と言えるでしょう。

2008年に明るみに出たビックカメラの粉飾事件を簡単に言うと、次の通りです。

ビックカメラは、まず特別目的会社を作りました。この特別目的会社（注）は、ビックカメラの所有地の売買などを行いました。特別目的会社はすぐに解散し、ビックカメラは清算配当金49億円を受け取りました。そしてビックカメラは、この配当金を利益に計上したのです。

この操作のどこがまずいかというと、要は「自分で金を出し入れしただけなのに、それを売上に計上して、売上額を大きくしたこと」です。

特別目的会社というのは、ビックカメラが出資して作った会社です。いわば、ビックカメラの分身です。この会社から金をもらったとしても、それは自分の金が戻ってきたに過ぎませんし、出資した金は、事業の損益には関係しません。このように、どこかに出資しておいて、後でその金を売上として回収するのは粉飾決算となるわけです。

たとえば、私がA社という会社を作るために、1000万円出資したとします。この1000万円は、私の事業の損益とは関係ありませんので、私の事業の経費にはなりません。その後、このA社と私が1000万円の取引を行ったとしましょう。A社から私に1000万円が支払われます。そして、私の事業の売上に1000万円が計上されます。これは金の流れから見ただけならば、私がA社に出した1000万円が戻ってきたにすぎません。

しかし、商取引を介在することにより、私の出した1000万円が、私の事業の売上に計上されることになります。

これと似たようなことを、ビックカメラはやっていたのです。

ビックカメラは、自分が金を出して会社を作り、その会社が解散したので金が戻ってきました。この戻ってきた金を利益に計上したのです。本来は自分の金をただ動かしただけなのに、特別目的会社を介在させることで、利益として計上したというわけです。

ビックカメラは、この時期、東証上場を控えていました。

だから、上場のために決算書を誤魔化したと見られても仕方のないところです。ビックカメラは、この粉飾した決算書で当時の東証一部上場を果たし、当時の会長は持ち株の売却により60億円もの収入を得たのです。

その後、この粉飾取引が発覚しました。しかし、証券取引等監視委員会の出した結論は、意外にも軽いものでした。

法人としてのビックカメラが課徴金約2億5000万円、元会長の新井隆二氏に課徴金約1億2000万円で済ませたのです。東京証券取引所も一旦は、上場廃止を検討する監理銘柄に指定しましたが、後に解除しています。

（注）特別目的会社

ビックカメラが池袋本店と本部ビルを売買するために作ったのが、特別目的会社です。自社の土地をこの特別目的会社に290億円で売却、それを311億円で買い戻し、特別目的会社は、21億円の売却益を得たのちに、解散したことになっています。この特別目的会社は、ビックカメラに清算配当金として49億円を出しています。

海外展開している企業は脱税しやすい

企業が海外展開をしているかどうか、というのも、決算書を読み解く際に重要な手掛かりとなります。

たとえばアジアなどに海外展開している企業は、決算書の営業利益が低く出る傾向にあるからです。

そのカラクリは、次のとおりです。

アジア諸国などでは日本に比べて法人税が安くなっています。なので、日本の本社よりも、海外の子会社に営業利益を多く計上させます。日本の本社が受け取るロイヤリティを低く設定したり、本社から子会社へ格安で資材の提供を行ったりするのです。

海外の子会社の株を持っているのは日本の本社なので、本社は配当を受けるという形で利益を吸収するのです。海外では配当にかかる税金も安く設定されていることが多く、また日本でも海外からの配当には優遇措置が講じられています。

だから海外展開している企業は、本社で営業利益を出すよりも、海外子会社で営業利益を出したほうが得なのです。

海外子会社を使った大和ハウス工業の〝違法節税〟

「海外展開している企業の場合、営業利益が低くなる傾向にある」というわかりやすい実例をご紹介しましょう。

２０１１年5月、住宅メーカーの大手「大和ハウス工業」が大阪国税局から4億円の課税漏れの指摘を受けていたことが発覚しました。

この課税漏れの経緯は、次のとおりです。

大和ハウス工業は、中国の子会社に無償提供したソフトの製作費を、本社の経費として計上していました。

本来は、中国の子会社で使っているソフトの製作費なのですから、中国の子会社が負担すべきです。それを、本社の経費としていたのです。この経理処理に関しては、「偽装工作があった」として大阪国税局は重加算税を課しました。重加算税というのは、本来払うべき税金に35％上乗せして払わせる税金のことで、罰金的な意味合いがあります。

それにしても大和ハウス工業は、なぜこのような経理処理をしたのでしょうか？

大和ハウス工業というのは、上場企業です。何度か触れたように、上場企業というのは、なるべく多くの利益を残したいと思うものであり、粉飾は行いますが、脱税は行わないのが普通です。にもかかわらず、なぜ大和ハウス工業は、故意に課税漏れなどをしたのでしょうか？

それは先ほども述べましたように、中国のほうが法人税は安いからです。

そして中国子会社などからの配当金は、税制上優遇されています。大和ハウス工業にとっては自社で利益を出すよりも、中国の子会社に利益を出させて配当を受け取るほうが得になるのです。なので、自社の利益を削っても、中国の子会社に利益を出させようとしたわけです。

世界中に関連会社を持つ企業は、税金の安い国の子会社に利益を集中させることによって、グループ全体の税金を安くすることができます。だから、中国などの税金の安い地域の子会社には、ロイヤリティを安くしたり、格安で材料の納入を行ったりするのです。

日本の税務当局としては、それを黙って見過ごすわけにはいきません。税金の安い国の子会社に対して、通常よりも有利な条件で取引を行った場合は、「移転価格税制」と言って、本来の取引額との差額を課税することにしています。

大和ハウス工業に限らず、昨今の大企業の課税漏れでは、このようなケースが非常に多いのです。

このように、その企業が海外展開をしているかどうかで、決算書の読み方は大きく違ってきます。

決算書の5つのタイプ

この章では、株主構成や企業の置かれた状況によって決算書の傾向が大きく違ってくるということをご紹介してきました。ここで「どういう会社が、どういう決算書になるのか」という傾向を、整理してみたいと思います。

決算書には、次の5つの傾向があります。

①少しでも利益を大きく見せたい〝野心的決算書〟
②税金を払いたくない〝税金ケチり型決算書〟
③すぐに損失を計上する〝保守的決算書〟
④状況に応じてケチと見栄っ張りを使い分ける〝老獪(ろうかい)型決算書〟
⑤業績悪化を必死で隠す〝誤魔化し型決算書〟

この5つの傾向というのは、筆者が決算書の傾向をわかりやすく把握するために、決算書の種類を企業の状況などにより分類したものです。もちろん、これは筆者が自分の経験則から分類しているのであって、これ以外の分類方法もあるでしょう。ただ会計初心者にとっては、まずはこの5つの分類を頭に入れれば、決算書が読みやすくなると思われます。

この5つの傾向を事前に把握しておけば、決算書の読み方は随分変わってくるはずです。

では次項以下で、この5つのタイプの決算書を順に説明していきましょう。

利益を大きく見せる〝野心的決算書〟

〝野心的決算書〟とは読んで字のごとく、少しでも利益を大きく見せようとする野心的な決算書のことです。

利益を大きく見せ、株価を引き上げたい、株価を引き上げることで多額の資金を入手し、それを企業買収などに繋げたい、というような企業が作っている決算書です。

上場を目指している新興企業、上場したばかりの企業、大株主に外資系ファンドなどが入っている企業によく見られます。固有名詞を言えば、ライブドアや一時期のビックカメラの決算書などがこれに当たると言えます。

この手の決算書は、一歩間違えば粉飾になりやすいという性質を持っています。株価の乱高下も激しいと言えます。この手の企業の決算書を見る場合は、よくよく厳しい目を持って臨まなければなりません。

また上場企業の多くは大なり小なり、この性質を持っています。上場企業は、株価を上げることが命題でもあるからです（株主構成などによって、この傾向が少ない企業もありますが）。だから、基本的に上場企業の決算書を見る場合は、〝良好な業績〟を鵜呑みにしてはならないということです。

税金を払いたくない〝税金ケチり型決算書〟

〝税金ケチり型決算書〟とは、利益を少しでも大きく見せようとするのとは逆に、利益を少しでも小さくして税金を抑えようという決算書です。

同族の中小企業や、創業者が経営者を兼ねている企業などに見られる決算書です。中小企業やオーナー企業というのは、会社の業績を良く見せる必要はありません。というより、むしろ、業績が上がれば納税額が増えるので、損をするのです。だから、こういう企業では、なるべく業績が出ないように、あの手この手を駆使しています。

特に銀行から借り入れがないような企業は、業績を良くしなければならない理由はまったくありません。だから、そういう企業の決算書は、税金を安くするためだけに作られていると言えます。

この手の企業の多くは、家族を社員や役員に据えて人件費を膨らませたり、社用車を無駄に高級車にしたりするなどして、利益を減らしているのです。ただし、経理がずさんな場合は脱税に発展するケースもしばしばあります。

上場企業には同族会社はないので、一般の人がこの手の決算書を目にすることはあまりありません。ただ上場していない大企業には同族会社も多いため、「自分の会社は、このタイプ」というサラリーマンも多いでしょう。この手の企業は、決算書のみならず、企業活動全般が「ケチ」な場合が多いので、社員は大変かもしれません。決算書が公開されている場合、就職活動などのときには、必ずチェックしておきたい条件でしょう。

損失をすぐに計上する〝保守的決算書〟

〝保守的決算書〟は、先に説明した利益を出したがらない節税重視の決算書〝税金ケチリ型決算書〟とは異なります。基本はなるべく利益を出そうとしますが、損失が出た場合は素早く計上して経営の不安を取り除く、という保守的な決算書のことです。

　企業というのは、本来、マイナス要素はなるべく早く処理するべきであり、企業会計規則なども、本質的にはこれを目指しています。だから、〝保守的決算書〟というのは、企業会計の本来の姿とも言えます。

　しかし、普通の企業はなかなかこの決算書は作れません。株主や銀行などの手前、どうしても業績を良く見せなければならないからです。そうしないと、株価に反映したり、資金繰りが苦しくなったりします。だから、このタイプの決算書を作れる企業というのは、資金面で安定していると言えます。

　上場企業でも安定株主に支えられている企業などでは、このタイプの決算書になることが多いようです。楽天などがこのタイプに該当します。

状況に応じて使い分ける〝老獪型決算書〟

〝老獪型決算書〟とは〝税金ケチり型決算書〟と〝野心型決算書〟を状況に応じて使い分

ける、という決算書です。両方のいい部分を上手に使い分ける〝老獪〟な決算書なのです。たとえば、日ごろは税金もあまり高くなく、なおかつ株価が下がらない程度の業績を上げておきます。そして法人税の減税や企業の減税の特別措置が講じられたときには、思い切って利益を計上する、というような決算書です。

トヨタなどが、その好例だと言えます。また旧財閥系企業の三菱、三井、住友系の企業なども、この傾向にあります。

本来はどこの企業も、だいたいこのタイプの決算書を狙っています。状況に応じて、決算書を使い分けるのが、企業戦略としてはもっとも効率がいいのです。が、普通の企業はなかなか、状況に応じて決算書を使い分けるというような余裕はありません。

上場して日が浅い新興企業などは、株価を維持するのが精一杯で、状況によっては赤字を出すなどという操作は、そうそうできるものではありません。

トヨタのような超巨大企業だからこそできる決算書だと言えます。安定的でもっとも効率のいい株主還元をしている企業の証拠です。その反面、冒険的な要素は少ないようです。だから一獲千金を狙いたい個人投資家などには、あまり向かない企業と言えそうです。

業績悪化を必死で隠す〝誤魔化し型決算書〟

粉飾傾向の決算書には大まかに言って2種類あり、一つはすでに紹介した野心的決算書、もう一つがこの業績悪化を必死で隠す〝誤魔化し型決算書〟です。

会社を大きくするために利益を大きく見せる〝野心型〟に対して、この〝誤魔化し型〟は、企業を存続させるために、必死にもがいているという色合いがあります。業績悪化が伝えられている企業や、業界全体が景気の悪い企業にありがちな決算書です。旧カネボウの決算書などが、このタイプと言えます。

倒産寸前の企業に限らず、景気の悪い企業では、このタイプになってしまいます。不良債権やそれに準じるものをたくさん抱えているのに、なかなか特別損失が計上されない企業などは、要注意です。

決算書を見る際、もっとも大事なのは〝裏情報〟

決算書を見る際に、もっとも大事なのは、企業周辺の裏情報をどれだけ集めるか、ということです。

裏情報というのは、その企業に関する様々な公式、非公式の情報のことです。昨今の事業内容、景気、評判などです。それらは、もちろん決算書には載っていません。

決算書の数字だけを見ても、その企業の本質は絶対に見えてこないのです。何度も言うように、決算書は〝作られたもの〟だからです。

決算書というのは、一定のルールに従って作られたものなので、ある程度は、企業の実態を表していると言えますが、これを全般的に信用することはできません。しかし、これに裏情報を加味することで、企業の姿が立体的に浮かび上がってくるものなのです。

たとえば、売上が急増しているのに、利益がほとんど増えていない会社があったとします。前述しましたように、この手の決算書は、典型的な脱税決算書です。しかし、この会社の裏情報を調べると、昨今、利益を度外視した特売を頻繁に行っていることがわかりました。

つまり、この会社は、景気が悪いので、とにかく会社が回るように商品を安く叩き売っていたのです。この裏情報により、会社が「売上が急増しているのに利益が増えていない理由」がわかったのです。このように、ちょっと周辺状況を調べるだけで、決算書の見方はまったく違ってくるのです。

国税調査官が、企業を税務調査するとき非常に重要視するのが、この裏情報です。国税調査官は、決算書を分析するよりも裏情報のほうをよほど大事にします。

ネットの情報は玉石混交

企業の周辺情報を得る際には、昨今では、ネットが有効なツールだと言えます。

昨今の企業のほとんどはホームページを作っています。ある程度の有名企業ならばウィキペディアなどから基礎情報を得ることもできます。掲示板などからは、企業に対する一般的な評価も知ることができます。

また昨今では、ソーシャル・ネットワーク・サービス（ＳＮＳ）などを通じて、その企業の関係者と直接知り合いになることも不可能ではありません。そういうツールを使えば、非常に簡単に、大変重要な企業の裏情報を掴むこともできます。

ただし、ネットの情報はガセネタも多いので注意を要します。特にＳＮＳや掲示板などで流れている噂などは、ガセネタが半分以上だと思ったほうがいいでしょう。

たとえば、ライブドアに強制捜査が入ったときには、インターネットでは「ライブドアは闇の組織と繋がりがある」など、おどろおどろしい情報が、掲示板やブログなどでまことしやかに駆け巡りました。そういう情報のほとんどはガセだったのです。ライブドアは、金の亡者ではありましたが、闇の組織とは無関係の非常に身綺麗な企業だったのです。新興ＩＴ企業というのは、おおむねそういうものです。何より、闇の組織と関係を持つにはそれなりの経験、知識が必要なので、ポッと出の新興企業がそう簡単に付き合えるものではありません。

にもかかわらず、ネットでは、「特捜が入った」というだけで、想像力が異常に膨らんで、ガセネタが猛烈に繁殖したのです。ネット上で、ライブドアの強制捜査や粉飾について事前に正確に指摘していた記事はほとんどありませんでした。つまり、ライブドア事件に関する限り、ネットではまったく真実は流れていなかったのです。

だから、ネットからの情報収集はよくよく気をつけなくてはならない、ということです。

就職情報誌にも貴重な情報がある

企業の裏情報を探る際に、「就職情報誌を見る」というのも一つの手です。

就職情報誌というのは、株の雑誌や経済誌とは、ちょっと違った角度から企業にアプローチしています。

その企業がどういう求人戦略を持っているのか、求人担当者の態度などが、就職情報誌には載っています。また就職活動をして、その企業に接してきた先輩たちの意見なども載っています。

それは、企業の未来を占う上で重要な情報だと言えるでしょう。

たとえば決算書上は非常に業績が良くても、就活の学生たちに非常に評判が悪い企業は、要注意だと言えるでしょう。

就職情報誌を見たからといって、ジャストフィットの情報が得られるわけではありません。単に就活事情を知るだけで終わる可能性もあります。しかし、一旦、他の角度から企業を眺めてみるというのは、非常に大切なのです。そう、大事なことは「違う角度から企業を眺めてみる」ことなのです。具体的な情報を得られるかどうかは二の次でいい、ということです。

実際に、税務署の国税調査官も、企業の求人情報などを重要な情報源としています。企業の求人情報から脱税の端緒が見えたりすることも多いからです。

たとえば決算書上はまったく儲かっていないのに、頻繁に求人を行っている企業などは、要注意です。実はこっそり儲かっていることも多いのです。こういう企業を見つけたら、調査官はすぐに資料化して税務署に報告します。また求人の際の、労働条件（給料や勤務時間）なども重要な情報となります。待遇のいい企業はそれなりに潤っているということだからです。

テレビ番組、マスコミから周辺情報を探る

企業の周辺情報を得る方法に、テレビ番組やマスコミから探るという方法もあります。

「テレビ番組からの情報なんて、当たり前すぎて、当てにならないんじゃないか」

「テレビ番組で、企業が自分に都合が悪いことを言ったり、真実を明かしたりすることはないんじゃないか」

と思う人も多いでしょう。

しかし、決してそうではありません。

テレビなどの情報は安易すぎて使えないように思えますが、けっこうバカにならないことが多いのです。

たとえば、テレビ番組である企業の商品が「巷（ちまた）で評判」として紹介されたとします。国税調査官は、この情報を資料化し、税務署に報告します。「この企業の商品はテレビで紹介されており、業績が好調のようです」という具合にです。その情報を元に、担当の税務署が税務調査を行い、脱税が発覚、などということは多々あるのです。

また、企業人や経営者というのは、公式の場では決して粗相（そそう）をしないように自分の都合の悪いことはすべて隠しています。しかしテレビの取材などに対しては、自分をよく見せようとして無防備になってしまうことがあり、だからこそ、テレビ番組というのは、意外に企業の真実を伝えることも多いのです。

たとえば、テレビのレポーターが、ある企業の経営者に、「毎月の売上はどのくらいですか？」と聞き、経営者は13億円と答えました。ということは、年間だいたい１５６億円の売上があるはずです。それを見た税務署の調査官が、その企業の決算書を見てみたところ、売上は１３０億円になっていました。26億円もの開差（かいさ）があるのです。これはおかしいぞと、この情報を税務署に報告しました。そして後日、その企業の担当税務署が税務調査したところ、売上を除外していた事実が発覚しました。こういうことは、実際にたくさんあるのです。

また、テレビによって商品が爆発的に売れるということも多いものです。商品が売れれば、当然、その企業の収益も上がるということです。

このように、テレビの情報をうまく活用すれば、上り調子の企業をいち早く見つけることもできるのです。

税務署の秘密のファイルには何が書かれてあいるのか？

税務署には、納税者ごとに作られた秘密のファイルがあります。どんな零細事業者でも、申告書を提出しているもの（会社を含む）ならば、一個のファイルを作っているのです。

このファイルの中には、その納税者に関するありとあらゆる情報が入っています。全国の国税調査官が地道に拾い集めた、その納税者の表や裏の情報が入っているのです。

国税調査官は、日々、あらゆる角度から企業の情報を収集しています。

テレビを見ていて、繁盛している飲食店が出ていれば、その店をピックアップして資料化します。繁盛している店では、申告を誤魔化している可能性が高いからです。

また新聞や雑誌も重要な情報源です。企業人のインタビュー記事などでは、思わぬ情報を得られることもあります。たとえば、インタビュー記事の中で、経営者が「うちは年商10億円」と述べていたものがあり、調査官がその会社の決算書を調べてみたら、年商は9

億円になっていました。そこで、税務調査をしてみると、売上を除外していたのが発覚したというケースもあります。

新聞や雑誌の場合、記事だけではなく広告も重要な情報源になります。求人広告を出している企業は、人出が足りないということであり、景気がいい可能性が高いのです。

また風評や口コミなども、バカにできません。風評や口コミが、その企業の実態を示していることも多々あるからです。

だから「あの商品はいい」などの風評があれば、調査官はすぐにそれを資料化して税務署に報告します。逆にブラック企業として噂になっているという情報なども、重要なものだと言えます。

立地条件なども重要な情報です。地域や場所は、企業の動向、事業の内容に大きな影響を与えるものだからです。ゆえに、調査官は税務調査を行う前に、あらかじめ企業の事務所や店舗の下見を行うことが多いのです。

それらの情報は企業ごとにファイリングされています。国税調査官は、決算書よりも、そのファイリングされた情報を重要視するのです。その情報の善し悪しで、税務調査の結果が左右されるとも言えます。税務調査は、このファイルの情報を元にして行われます。

このファイルの中の情報で、脱税の端緒があれば、その企業を最優先で調査するのです。
情報をどれだけ手に入れられるかが、企業の真実に近づく手っ取り早い方法だと言えるのです。

複合的、立体的にその企業を見る

これまで、決算書を見抜く方法をいろいろご紹介してきましたが、重要なことは、企業の本質を掴むには、一面だけを見ていてはだめだということです。様々な面から、その企業を見ていく必要があるのです。

たとえば、筆者は売掛金が急増していれば、粉飾をしている可能性が高いと述べました。確かに、それは確率的には事実です。しかし、それが確定だとは言えません。もしかしたら、ただ単に取引手段を変えただけかもしれないし、取引相手の事情によるものかもしれないのです。

そういう場合、さらに二重、三重の分析をして、その情報の真偽を確認したほうがいいのです。いろんな条件を掛け合わせたり、周辺状況を調べたりして加味すれば、決算書のウソを見抜く確率はぐっと上がります。

売掛金が急増している企業に対しては、その企業の周辺事情を探ってみたり、業界自体の景気を見極めたりすると、決算書がウソをついているかどうかの判断はつきやすくなります。業界全体が不景気だったりするなら、その企業が粉飾をしている可能性はぐっと上がります。株主構成を見て、創業者が株を売っていたり、持ち株を大きく減らしていたりするようであれば、これも粉飾の可能性大ということが言えます。

何度も言いますが、決算書の数字だけを追っても、その企業の本質は見えてこないのです。決算書の数字を参考にしつつ、様々な角度から企業を分析する、それが決算書のウソに騙されないコツなのです。

大村大次郎（おおむら・おおじろう）

大阪府出身。元国税調査官。国税局で 10 年間、主に法人税担当調査官として勤務し、退職後、経営コンサルタント、フリーライターとなる。執筆、ラジオ出演、フジテレビ「マルサ !!」の監修など幅広く活躍中。主な著書に『億万長者は税金を払わない』（ビジネス社）、『あらゆる領収書は経費で落とせる』（中公新書ラクレ）、『会社の税金元国税調査官のウラ技』（技術評論社）、『起業から 2 年目までに知っておきたいお金の知識』『河野太郎とワクチンの迷走』『ひとり社長の税金を逃れる方法』『マスコミが報じない〝公然の秘密〟』（かや書房）など多数。You Tube で「大村大次郎チャンネル」を配信中。

国税調査官は見た！本当に儲かっている会社、本当は危ない会社

2024 年 5 月 9 日　第 1 刷発行

著　者　大村大次郎

発行人　岩尾悟志

発行所　株式会社かや書房

〒 162-0805

東京都新宿区矢来町 113　神楽坂升本ビル 3 F

電話　03-5225-3732（営業部）

印刷・製本　中央精版印刷株式会社

落丁・乱丁本はお取り替えいたします。

定価はカバーに表示してあります。
Printed in Japan
ISBN978-4-910364-45-2 C0033